AYŞE TOLGA

Ne İstersen Değil

NEYSEN ONU ÇEKERSİN

AF550166

DESTEK YAYINLARI: 1839
KİŞİSEL GELİŞİM: 327

AYŞE TOLGA / NE İSTERSEN DEĞİL NEYSEN ONU ÇEKERSİN

Her hakkı saklıdır. Bu eserin aynen ya da özet olarak hiçbir bölümü, yayınevinin yazılı izni alınmadan kullanılamaz.

İmtiyaz Sahibi: Destek Yapım Prodüksiyon Dış Tic. A.Ş.
Genel Yayın Yönetmeni: Ertürk Akşun
Editör: Özlem Esmergül
Son Okuma: Devrim Yalkut
Kapak Tasarımı: İlknur Muştu
Sayfa Düzeni: Cansu Poroy

Destek Yayınları: Kasım 2023 (5.000 Adet)
6.-16. Baskı: Ocak 2024
17.-18. Baskı: Şubat 2024
19.-20. Baskı: Nisan 2024
21.-23. Baskı: Mayıs 2024
24.-25. Baskı: Ağustos 2024
26.-27. Baskı: Eylül 2024
28.-29. Baskı: Ekim 2024
30.-31. Baskı: Aralık 2024
32.-33. Baskı: Ağustos 2025
34.-35. Baskı: Ekim 2025
Yayıncı Sertifika No. 43196

ISBN 978-625-6608-08-5

© Destek Yayınları
Abdi İpekçi Caddesi No. 31/5 Nişantaşı/İstanbul
Tel. (0) 212 252 22 42
Faks: (0) 212 252 22 43
www.destekdukkan.com
info@destekyayinlari.com
facebook.com/DestekYayinevi
twitter.com/destekyayinlari
instagram.com/destekyayinlari

Yıkılmazlar Basım Yay. Prom. ve
Kağıt San. Tic. Ltd. Şti.
15 Temmuz Mah. Gülbahar Cad.
No. 62/B Bağcılar / İstanbul
Sertifika No. 45464
Tel. (0) 212 630 64 73

AYŞE TOLGA

Ne İstersen Değil

NEYSEN ONU ÇEKERSİN

Kuantum Tezahür Ustalığı

DESTEK yayınları

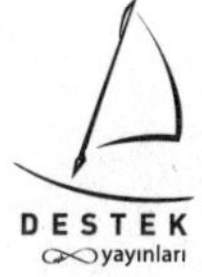

İÇİNDEKİLER

Bu kitapta:

- "Niyetlerim ve arzuladığım yaşam için bir mıknatıs haline nasıl gelirim?"
- "Her boyutta refah içinde yaşamayı bir sanat haline nasıl dönüştürürüm?"
- "Kendim ve dünyamız için sonsuz berekete kodlarımı açarak, çevremle nasıl paylaşırım?" sorularının cevaplarını bulacaksınız.
- Bereket ve bolluk frekansında olmamızı engelleyen tüm bilinçaltı kodlarımızı,
- Kıtlık ve ayrılık bilinci kodlarımızı,
- Negatif ve kısıtlayıcı inanç ve alışkanlıklarımızı,
- Korku ve kaygı frekansını, kalıcı olarak sevgi ve bolluk frekansına dönüştüreceğiz.

Hayatınız boyunca:

- Yaşamak istediğiniz olayları, başarıyı ve kişileri çekmek,
- Servet içinde yaşamak,
- Duygusal, zihinsel ve fiziksel olarak yenilmez olmak,
- Hayat arkadaşınızla sevgi dolu bir ilişki yaşamak nedir ve bu nasıl olur deneyimini öğreneceksiniz.

"Bu kitap, yaşamları boyunca
insanlığın zihinsel prangalardan
özgürleşmesi için emek veren,
kendi yaşamlarını bile feda eden
dünyadan geçen tüm kahramanlara
adanmıştır."

ÖNSÖZ

Elinizde tuttuğunuz bu kitap, sadece somut ve gözle görülür dünyanın dar sınırlarına sıkışıp kalmayı reddeden, zihinsel ve ruhsal ufkunu genişletmeyi arzulayan bireyler için bir yol göstericidir. Kitabım, geleneksel anlayışın sınırlayıcı duvarlarından sıyrılarak, zihniyet ve vizyon oluşturma tekniklerinin inceliklerini öğreterek, her birimizin içinde gizlenmiş sonsuz potansiyelleri nasıl harekete geçireceğimizi açıklıyor.

Bu konuda yıllar süren araştırmalarım, verdiğim seminerler ve profesyonel koçluk seanslarım boyunca, danışanlarımın ve öğrencilerimin, kendi hayatlarında yepyeni kapılar araladığını gördükten sonra bilgilerimi kaleme alma kararı aldım.

İyilik Sende, Titreşimini Yükselt Hayatın Değişsin, Bereket Sende adlı daha önce yayımlanmış kitaplarımla sizi bu yeni kitaba hazırladım. Okurlarım, öğrencilerim, danışanlarım benden aldıkları özel eğitimler ve danışmanlıklar sayesinde, hayatlarında daha önce hiç dokunmadıkları, belki de farkında bile olmadıkları refah ve mutluluğun sonsuz alanlarını keşfettiler ve yaşamaya başladılar.

Onların muhteşem dönüşümlerine, yaşamlarında açılan yeni ufuklara tanık olmak beni daha da derin bir şekilde motive etti. Zira yüzlerce kişinin, belki de binlerce kişinin yaşamlarında meydana gelen muazzam dönüşümleri bizzat görmek, hiçbir maddi kazançla kıyaslanamayacak kadar kıvanç verici, çok daha tatmin edici ve değerli bir deneyim oldu benim için.

Bu nedenle, içimde oluşan yoğun arzu ve bu gözlemlerimin verdiği ilhamla, elinizde tuttuğunuz son kitabım daha fazla kişinin yaşamında olumlu ve kalıcı dönüşümler yaratmak, daha fazla insanın ufkunu genişletmek ve en nihayetinde her birimizin içinde yatan o eşsiz gücü ortaya çıkarmak amacıyla yazılmıştır.

Sizin de onlardan biri olmanız beni çok mutlu edecek. Bunu sizin için sağlayacağıma söz veriyorum.

Kitap boyunca sadece teorik bilgilerle ilerlemeyeceğiz, bunun yanı sıra, size özel niyet ve vizyon oluşturma egzersizleri, meditasyonlar ve uygulamalar da sunacağım. Böylece sadece düşündüğünüzü görmeye başlayacak, gördüğünüze de kesinlikle inanacaksınız.

Elinizde tuttuğunuz kitap, bir bilgi kitabı olmanın çok ötesindedir. Uzun yıllar boyunca öğrendiklerimi, keşfettiklerimi ve öğrettiklerimi bir araya getirdim. Öyle ki, bu kitap sizin, kuantum fiziğinin karmaşık dokusuyla ilgili kapıları aralamanızı ve bu bilimi, kendi yaşamınıza somut, etkileşimli bir şekilde uygulamanızı sağlayacak.

Artık bir dönüm noktasındayız; bir zamanlar anlayamadığımız ya da anlamak istemediğimiz kuantum fiziği, şu an giderek daha fazla netlik kazanıyor ve bize, evrenin sadece gördüğümüz kadarından ibaret olmadığını gösteriyor. Kuantum fiziği sayesinde, artık kendi yaşamlarımızın yaratıcıları, hatta sanatçıları olduğumuzu fark ediyoruz.

Evet, sanatçılarıyız sevgili okurum! Çünkü tezahür etmek, bir şeyleri var etmek, sadece irade değil, aynı zamanda bir sanattır. Bu kitapla birlikte, tezahür uygulamalarının hız ve etkisinin sadece katlanarak artmayacağını, adeta bir enerji patlamasına dönüşerek yaşamınızda yepyeni bir yön açacağını göreceksiniz. Bu, kelimenin tam anlamıyla zamanın ötesinde bir deneyim; saniyeler içinde, evet saniyeler içinde, yaşamınızdaki dönüşümleri gözlemleyebileceğiniz, hatta bu dönüşümlere tanık olabileceğiniz bir fırsat sunuyor.

Bu kitap, içerisinde barındırdığı sayısız teknik ve derin bilgiyle, sizi sadece farkındalığınızı yükseltmeye değil, aynı zamanda kendi geleceğinizi bilinçli bir şekilde tasarlamaya da davet ediyor. Kuantum fiziksel gerçeklikleri açıklayarak, olumlu niyetlerinizi nasıl hızlı bir şekilde tezahür ettireceğinizi adım adım göstereceğim.

Böylece, sadece dış dünyada değil, içdünyanızda da yaşanacak bu devrimsel dönüşümünüz sayesinde, yaşamın sadece olasılıklarla dolu bir sahne olduğunu ve bu sahnede sizin de başrol oyuncusu olabileceğinizi anlayacaksınız.

Kendi yaşamımda 2001'den beri deneyerek uyguladığım, sonuç aldığım 22 senelik akademik eğitimler, bireysel danışmanlıklarla teori ve pratikte, en küçükten en büyüğe, her aşamada denediğim ve yüzde yüz emin olduğum bir sistem olarak şimdi paylaşmaya cesaret bulduğum Kuantum Tezahür Tekniği'mi sunuyorum size.

Çevremdeki dostlarım, bana soruyorlar. "Haftada yüz binlerce lira kazanabilecekken, neden oyunculuk kariyerini bırakıp, bu işlerle ilgileniyorsun? Ayşe, deli misin?"

Deli olmak iyidir. Açıkçası gördüğüm tek şey, dünyada var olan her insanın değil ama bazı insanların amacının yaşamlarını sorgulamak, kendilerini mükemmelleştirmek, daha iyi insanlar için bu insanlık okyanusunda boğulmamak için kulaç atar olduğudur. Bu savaşçıları çok iyi biliyorum, ben de onlardan biriydim. Yine kapitalizmin, sert materyalizmin insan kalbini emdiği şu dönemde tüm bu temiz ruhların, bu sorgulamalarla sistemin dişlileri arasına girmemek için çabaladığını görüyorum. İşte bu sebeple, sadece bu insanlar için buradayım. Siz de onlardan birisiniz. Sizi görüyorum, çabanızı biliyorum. Bu çabayı şimdi kazanca dönüştürebileceğinizi de biliyorum. Kaybeden değilsiniz, yanlış inançlara sahiptiniz. Bunu değiştirerek Kuantum Tezahür alanımızı, varlığımızı yani evrenimizi de değiştiriyoruz. Bu bilince kavuşmasına vesile olabildiğim bir kişi bile neden bu işi yaptığımı hatırlatan bir Kuzey Yıldızı oluyor benim için. Kaldı ki oyunculuk yaparak kazandığım paradan daha yüksek rakamları, sevdiğim işi, mutlu olarak, insanlığa fayda sağlayarak yapmanın maddi ve manevi tatminini bilemeyen arkadaşlarım, çalan müziği duyamıyorlar sadece. Ben ve sen duyuyoruz, bu da bana yeter.

Bu nedenle, verdiğim büyük emeğin tek ve esas amacı, ne kadar sevildiğinizi, korunduğunuzu ve kollandığınızı hissetmeniz ve ruhunuzun erdemlerini uyandırmanız, Kuantum Tezahür alanında tüm bunları ifade etmenizdir. Elbette bu aşamaya varmak için derslerimize çalışacağız, gelişmeye özen göstereceğiz. Elinizde tuttuğunuz bu kitap, sizden çok önce tek başına bu alanlarda çalışmalara koyulmuş, eksikleri ve ihtiyaçları anlamış birinin, bu yoldaki taşları sizin için temizlemesinden başka bir şey değildir.

Seyrin keyfini sürün. Ama unutmayın başka şoför, kaptan ya da pilot yok.

Kaptan sizsiniz. Seyrin keyfini sürerken, kontrolü ve eylem planınızı unutmayın.

Gerçek bir kaptanın yaptığı gibi. Kuantum Tezahür alanında bunu size hatırlatıyorum sadece. Bilmiyor değilsiniz, unuttunuz.

Kaderinizin efendisi

Yaşamınızın kaptanı sizsiniz.

BEN KİMİM?

2000'lerde başlayan Klinik Aromaterapi, Çin Tıbbı, Bütünsel Beslenme, Doğal Terapi uzmanlığıma, Enerji Tıbbı, Nefes ve Şamanik Şifa, Yaşam Tarzı Tıbbı'nı da ekledim. Bunların yanı sıra 15 yıldır sadece bir bütünsel şifa terapisti olarak değil, aynı zamanda bir kadın girişimci, dijital içerik üreticisi ve yazarım. Okumayı, öğrenmeyi, sorgulamayı seven, kendimce dünyaya fayda sağlamaya çalışan biriyim. En güzel ibadet, hizmet.

Hepimiz Kuantum Tezahür alanında, bize sunulan her şeyi yaşamayı hak ediyoruz. Her şeyden kastettiğim, bizi yerden yere vuran, deneyimler de yine gelişim ve özgürleşmek için. Ama titreşimimizi değiştirerek her anlamda yüksek, neşeli, müreffeh, güzel ve bereketli deneyimler olursa şahane olur. Hepsi bizler için. Kuantum Tezahür alanı seçimlerden ibaret.

Elinizdeki bu kitap, tam da bu dönüşümleri yaşamanız için bir anahtar niteliğindedir.

Şimdi bu anahtarı kullanma zamanı. Açılsın tüm kapılar.

Ayşe Tolga, Ekim 2023, İstanbul

GİRİŞ

Kuantum Tezahür Ustalığı başlıklı bir kitap aldığınıza göre sizler de artık kendi hayatınızın bilinçli yöneticisi olarak, dümene geçmeyi ve yaşamlarınızın sonuna kadar her alanda müreffeh bir hayat yaşamayı istiyorsunuz demektir.

Titreşiminizi yükselterek niyet ettiğiniz her şeyde tezahür ustası olmak isterseniz:

Ne zaman isterseniz, daha fazla çalışmadan, daha azına razı olmadan bereketi deneyimlemeye hazırsanız, kitabım bir eşiktir sevgili okurum. Bu kitapla benim sizler için açacağım alanda, yaşamlarınızın her alanında sadece bolluğu ve desteği almak istiyorsanız, olmanız gereken yerdesiniz.

Bu kitabı kuantum teorilerinin harmanlandığını sizlere temel evrensel yasalarla ispatlayarak anlatan bir fizik kitabı olarak da kabul edebilirsiniz.

Sevgili dostlar, tezahüre yaratım diyecek olursak ve yaratım alanları yaşamlarımız ise, düşüncenin-niyetin-hayalin-vizyonun yani madde formda olmayanın nasıl maddeye dönüştüğünü, tezahür ettiğini anlamamız gerekir. Bu sebeple kuantumun temel yasalarını ve teorilerini anlayacağız ki kendimiz de bu alanda bilinçli tezahür ettiriciler olacağız. Böylece oldu-oldu-oldu ifadeleriyle, kırmızı iplerle ve ritüellerle bu işin şansla yapılamayacağını anlayacağız. Farklı sistemler, teknikler, semboller ve ürünler kullanmanın bile derin tekniklerini öğrenerek bu alanda da ustalaşarak bu alanda Kuantum Tezahürü Ustaları olacağız. O halde en temelden başlayacağız.

Evrende her şey bir enerjidir ve her enerjinin kendine ait bir özelliği vardır, bu enerjinin kalitesidir, titreşimsel bir değerdir ve hertz değeri üzerinden de tanımlanır. Hem fiziksel hem de fizikötesi alanda; her şey enerji döngüsü ve enerji alanları üzerine kuruludur. Fizik bedeninin, düşüncelerinin, duygularının, ruhunun enerjisel bir alanı vardır. Bu alanların titreşimi aslında yaşamının gerçekliğini oluşturur.

Titreşim yükseldikçe, bu titreşimin frekans alanı yaşanan yaşam olur. Bu kişilerin gerçek olarak kabul ettiği şeydir. O alandaki sizin frekans değeriniz ne ise gerçekliğiniz ve yaşamınız da o olur. O frekansa uyumlanırsınız, sadece o gerçekliği yaşarsınız. Bu bir felsefe değildir, bu fiziktir. Çünkü Tesla'nın da söylediği gibi, evrendeki her şey enerjidir.

Enerji ise önce düşünceyi takip eder, çünkü evren zekânın ürünüdür. Düşünce inanca dönüşür, inanç ise gerçekliğini oluşturur. Gerçekliğin de kaderini şekillendirir. Bu temeli açılışa koydum, tüm kitabımı da diğer tüm kitaplarımda olduğu gibi bu bilgiyi sizin için açarak yöntemlerle kullanışlı bir alete çevireceğim, niyet etme ve tezahür ettirmeye.

Bu kitap bir Kuantum Tezahür Ustalığı kitabıdır. Kuantum Tezahür yasalarını öğrendikçe düşüncelerin kuantum evrende neden gerçeklik olduğunu idrak edeceksiniz. Frekans değeri olan bazı düşüncelerimiz düşüktür yani niyeti iticidir. Bizi niyetimize götüren çekici düşüncelerin neler olduğunu da öğreneceksiniz. Böylece çoğu insanın her gün yaptığı, farkında olmadıkları inanç alışkanlıklarından özgürleşeceksiniz. Çekim Yasası'nın temeli olan ilkeleri öğrendikçe, bilinçaltınızı temizledikçe tezahürü iten düşünce kalıplarını kıracaksınız.

Düşünce kalıplarını kırdığınızda, hayatınızda niyet ettiğiniz her şeyi kolayca tezahür ettirebilmeniz ya da bulunduğunuz yerden olmak istediğiniz yere geçebilmeniz için, içinizdeki çağrıya kulak verebilmeniz için, eril ve dişil enerjilerinizi dengelemeyi öğreneceksiniz.

Niyetlerinizi tezahür ettirmek, bir oluş halidir. Sizler de tüm arzu ettiğiniz maddesel ya da manevi bağlamda, tezahür ettirmek için neye dönüşmeniz gerektiğini öğreneceksiniz.

Niyetinizin tezahüre dönüşmesi yani olmasını istediğiniz şey için nasıl bir yöntem ve yol izlemeniz gerektiğini öğreneceksiniz.

Bu kitabın sonunda tezahür için gerekli en önemli adımı da öğrenecek ve bu bilgileri kullanarak, yaşamlarında kalıcı Kuantum Tezahür alanını yaratan pek çok danışanım ve öğrencimin sahip olduğu bilgeliğe sahip olacaksınız.

Neden böyle bir kitap yazdım?

Çünkü dünyada bilinçli bir şekilde küresel felaketlerle yaratılan korku, kıtlık frekansının üzerine çıkarak evrenin daimi frekansı olan sevgi ve bereket frekansına uyumlanmasında kendince yardımcı olan hayat misyonunu bu yolda belirlemiş biriyim. Eğitimlerimin, hizmetlerimin ve kitaplarımın yazılmasının temel sebebi bu. Artık gezegenimizin bereket, birlik ve sevgi enerjisine uyumlanması için bir kuantum sıçramasına ihtiyacı var. Bu sıçrama bizlerden başlayacak. Kitabımla sizlerde bir kuantum değişimi yaratarak, sıçrayışta kolektif bir enerji alanı oluşturmaya niyet ediyorum. Dünyamızın sizin ve benim bilinç sıçramamıza ihtiyacı var.

Çok iddialı mı geldi?

Ben, bundan otuz sene öncesine kadar kıtlık bilincine sahip ebeveynlerle, travmalarla büyütülmüş bir çocuk olduğum için, fakir olduğuna inanan ve kendine acıyan biriydim. Benim dışımda herkesin daha iyi yaşamları hak ettiğine inanırdım. Oldukça depresif, yargılayıcı ve çok da olumsuz bir insandım. Dışarıdan baksanız çevremdeki kimse beni olumsuz bir insan olarak tanımlamasa da, ben sürekli aşağılık kompleksi, değersizlik ve özgüvensizlik hisleriyle debelenir dururdum. Zihnimde gün boyu acıklı ve depresif senaryolarımla kendime acırdım, içine kapanık bir çocuktum. Üniversiteden sonra oyunculuk hayatına atıldığımda, bu sefer yepyeni bir dünyanın zorlayıcı etkilerine maruz kaldım ve bu beni daha da güçsüzleştirdi. Olumsuz düşüncelerle doluydu zihnim. Elbette hayatımın her alanını etkilerdi bu durum. Kilomu, özsaygımı, ilişkilerimi, mali durumumu, kariyerimi, kendimle ve ruhumla olan bağımı etkiliyordu. Bu kıtlık temelli düşünce ve alışkanlıklarımın farkında olmadan, acıyla debelendiğim için, bu bilinç yapım en güzel senelerimi, sonsuz potansiyelimi, yaşayabileceğim güzellikleri kaçırmama neden oluyordu.

25 yaşındayken babamı kaybettim, aynı sene popüler olduğum "Şehnaz Tango" dizisindeki işimi kaybettim, yine aynı sene beş senelik erkek arkadaşımla ilişkim bitti. Hepsi 1998'de oldu.

Babamın ölümünün ardından ailemdeki herkes derin bir matem içindeydi, aile büyüklerimden ihtiyacım olan desteği, sevgiyi ve gücü alamıyordum. Bir evim, düzenli bir gelirim, güvenebileceğim dostlarım, omzunda ağlayabileceğim beni sevecek bir sevgilim hiçbir şeyim yoktu.

Sadece oyunculuktan para kazanıyordum, potansiyelimi, yeteneklerimi biliyor ama yine de sektörün zorladığı ortamların ve ilişkilerin içinde yapamıyordum. Hiçbir dizi projesinden ses çıkmıyordu. Oyunculuk üzerine kariyer yapmıştım, yönetmen yardımcılığı, prodüksiyon yardımcılığı da yapmaya başlamıştım. O sıralar potansiyelimin farkında değildim, ne yapacağımı, nasıl hazırlanacağımı ve hayata ne sunacağımı bilmiyordum, hiçbir fikrim yoktu. Ne yapacağımı asla bilmiyordum.

Babamın tedavisi için kullanabileceğim tüm kaynaklarımı harcamıştım. Birikimlerimi, son altınımı, son dolarımı bozdurmuştum, buzdolabımı ve arabamı satmıştım.

Evimi kapattım. Sıfırı tüketmiştim, gerçek anlamda fakirdim. Annemin yanında, bazen bana kapılarını açan can dostlarımın yanında, yirmili yaşların sonlarında, tek başına, aile, arkadaş, sevgili, iş desteği olmadan yaşamı sorguluyordum. Tam anlamıyla sıfır noktasında, hiçlikte ve tamamen tek başımaydım. Yaşamımdaki bu bilinmezlik 1999 senesinde yaşanan Marmara depremiyle iyice dehşet verici bir hal aldı. Çaresizliğimi hatırlıyorum. Ne yapacağımı, neye, nasıl dönüşebileceğimin yollarını arıyordum.

Sorguladığım her şey, yüzüme bir tokat gibi çarpıyordu. Büyük acı çekiyordum, bu acıdan kurtulmalıydım. Bir çıkış kapısı, acımı dindirecek bir sığınak arıyordum.

Okuduğum bir kitap, öğrendiğim bir bilgi, bir seminer derken biraz rahat nefes almaya başladığımı fark ettim. Acımı dindirecek tek şeyin, çocukluğumdan beri kafamın içindeki soruların cevabında yattığını anladığımda hayatım Kuantum Tezahürü'nde yokluk, kıtlık, acı ve korkudan başka bir şeye dönüştü.

Sorularım.

Ben kimim, niye buradayım?

Bu soruların cevaplarını bulmak benim için çok önemliydi ve yaşamsal bir ihtiyaçtı. Cevapları bulmak için kendimle nasıl çalıştığımı bilemezsiniz. Seminerler, kitaplar, hocalar, eğitimler, kamplar, okullar, kapılar, dergâhlar. Teoriyi pratikle deneyimleyince idrak ve tefekkür hali başladı. Farkındalık artmaya, değişim genişlemeye başladı.

İlk niyet panomu 2002 senesinde yaptım. Hiç unutmuyorum, ruhsal boyuttaki rehberlerimi, hayat arkadaşımı, gelecekteki işimi görmüştüm. Bu niyet tablosu o kadar hızlı etki etti ki bir sene içinde işimde, özel hayatımda çok hızlı bir yükseliş yaşadım.

Bu hızlı yükselişin sırrı neydi biliyor musunuz?

Sorularımın cevaplarını duymaya başlamıştım. Dünyadaki yerimi anlamıştım. Neden burada olduğumu ve hizmetimi anlamıştım. Böylece hayat amacımı da anlamıştım.

Tezahürü hızlandıran süreç benim hayat amacımı keşfetmemle başladı. Elli yaşında bu kitabı yazmam da elbette hayat amacımla ilgili. Ne olduğunu ilerleyen sayfalarda okuyacaksınız.

Hayat amacımı keşfetmemle birlikte, bir eşlikçi olduğumu anladım. Farkındalık sağlamaya yardımcı olabilirdim, şifa süreçlerine eşlik edilmesi gereken varlıklara eşlik edebilirdim. Elbette rütbelerin bizlere verilmesi bir üniversiteden mezun olmak gibi değil. Farklı boyutlardaki içsel gelişimim ve eğitimim devam ettikçe, süreçte hem kendimi şifalandırdım, hem şifayı, devayı, sonsuz Kuantum Tezahür alanını anladım.

Sonrasında yolum bana artık uzun yola çıkmam gerektiğini söyledi. Paylaştığım bilgilere ihtiyacı olan, daha geniş kitlelere bu rehberliği vermem gerektiği konusunda içsel bir şekilde yönlendirildim, şifaya ihtiyacı olan varlıklara rehberlik ettim. Sonrasında bire bir rehberlik alamayacak olanlara ulaşılabilecek tüm kanallardan eşlikçiliğe devam ettim.

İyilik Sende, 8 Haftada Değişim, Bereket Sende, Titreşimini Yükselt Hayatın Değişsin adlı kitaplarımı yazdım. 2005 senesinden beri Türkiye'deki iki klinik aromaterapistten biri olarak doğal terapiler, Çin tıbbı, Bütünsel Sağlık Dönüşümü alanlarında harmanladığım sistemimle yüzlerce kişiyle çalıştım.

2007 senesinde Aisha Aromaterapi Kozmetikleri'ni kurdum. 2014 senesinde bütünsel sağlık online platformum aysetolgaiyiyasam portalimi açtım. 2016 senesinde, 8 Haftada

Bütünsel Dönüşüm Programı'nı kurguladım ve başlattım. 2020 senesinde artık zamanın geldiğini bilerek, Ayşe Tolga Bütünsel Gelişim Akademisi'ni kurdum. Bütünsel Gelişim Akademisi Master sertifikalı bir Kuantum Tezahürü koçuyum. 12 aylık bir sertifika programı olan Kuantum Tezahürü koçluğu programının yaratıcısıyım.

Niyetin gücünü anlayarak, kişisel dönüşümümü gerçekleştirdiğim 2000 senesinden, yani 27 yaşından itibaren, hayatımda şu ana kadar sahip olduğum hiçbir şeyi şans eseri, kısmetli olduğum için veya tesadüfen elde etmedim.

Servetim, oyunculuk ve sunuculuk kariyerimdeki başarılarım, fiziksel görünümüm, hayalimdeki evler, bana sunulan tüm iş fırsatları ve tabii ki ilişkilerim de dahil olmak üzere, şu anda sahip olduğum pek çok şeye Kuantum Tezahür alanımı yöneterek niyetin gücü ve Çekim Yasası ile çalıştım ve hâlâ bu yasalarla çalışıyorum. Kızım Can, hayat arkadaşım Tolga da buna dahil.

Bu kitapta sizinle paylaşacağım bilgiler sayesinde hayatım tamamen değişti. Kuantum Tezahür alanı yönetmeyi, niyeti kullanmayı öğrendikçe, bu evrensel yasaları kavrayıp onlarla çalıştıkça öğrencilerim ve danışanlarımın da hayatları değişti. Hepsi Kuantum Tezahürü'nü anladılar. Zenginlik, bereket ve bollukla ilgili olumsuz inançlarını fark ettiler ve temizlediler. Bu sayede para akışları düzenlendi, kazançları arttı. Evliliği ve aşkı anladılar. Samimi, yakın ve özgün ilişkilere dair bilinçaltı olumsuz inançlarını temizlediler. Kuantum Tezahür alanına uyumlandılar. Eşleriyle daha iyi ilişkiler kurarak mutlu ve uyumlu evliliklerine uyumlandılar. Hayat arkadaşlarını arayanlar ruh eşleriyle tanıştılar. Bilinçaltlarında taşıdıkları sınırlayıcı duyguları fark edip temizleyerek kolayca kilo veren danışanlarım ve öğrencilerim, ideal kilolarına acı çekmeden ulaştılar, ideal bedenlerini yarattılar.

Kısacası Kuantum Tezahür alanını kullanarak bolluk, başarı, içsel bir neşe ve huzur hissi yarattılar.

Programlarıma katılan Çağla, bolluk prensibiyle ve koçluk programımla çalışmaya başladıktan birkaç hafta sonra işinde hem terfi kazandı hem zam aldı. Çatışma yaşadığı kadın patronuyla iletişimi değişmekle kalmadı, iki hafta daha fazla tatil aldı. Kocası çalışmalarıma katıldıktan bir ay sonra ayrılmayı düşündüğü işine terfi ile geri dönerek, çok zorlandığı zam talebini patronuna kolayca ifade ederek, hak ettiği primlerini ve zamlarını aldı.

Danışanlarımdan Arzu, çocukluk travmalarının etkisinin farkında olmadığı için, romantik ilişkilerinin hepsinde terk ediliyordu. Kuantum Tezahür koçluğu seanslarımızla inatçı inançlarının içinde öz değer ve benlik imajını, ayrıca bilinçaltındaki duygusal ve zihinsel sınırlayıcı inançlarını fark etmesi ve düzenlenmesi gerekiyordu. İnatçı inançlarından ayrılmakta çok zorlansa da, sadakat, sevgi, aşk, güven, saygı ve muhabbet temelli bir ilişkiye hazırlandı. Şimdi erkek arkadaşıyla dünyayı geziyor.

Programlarıma katılarak Kuantum Tezahür ustalığı kazanan tüm sevgili kardeşlerim hayatlarının her yönünde değiştiler ve dönüştüler. Heyecanlandığınızı hissediyorum. Siz de bunlara sahip olacaksınız. Haydi şimdi başlayalım.

BÖLÜM I

Hayalden Gerçeğe

"Madde dediğimiz şey, duyular tarafından algılanması için titreşimi son derece düşürülmüş enerjidir. Aslında madde yoktur."

– Albert Einstein

Tezahür ve Çekim Yasası hakkında yazılmış tüm SIR'rı bildiğinizi sanıyorsunuz, ama yine de arzu ettiğiniz bolluk dolu hayatı yaşamıyorsunuz. Niyet etmenin gücü, tezahür ettirme sanatı başlıklı sayısız kişisel gelişim kitabı okudunuz. Tüm bu kitapların verdiği ilhamla eyleme geçtiniz, bir yola çıktınız, ancak hiçbiri kitaplarda yazdığı gibi olmadı. Ruh eşinizi bulma, başarı, ideal beden hedefleri, ideal ev, para hedefleri ya da seyahat hedefleriyle dolu bir niyet panonuz var ama gerçek hayatınızda hiçbirinden eser yok. Sizi bir bolluk mıknatısına dönüştüreceğini, ihtiyacınız olan tek yöntem olduğunu vaat eden Instagram reklamlı tezahür ettirme yöntemlerinden en az üç tanesini denediniz, ama hiçbir şey olmadı. Kendiniz için büyük bir hedef belirlediniz ve bunu başaracağınıza tüm kalbinizle inandınız, kendinizce tezahür çalışmalarını yaptınız ama asla gerçekleşmedi. Hâlâ ruh eşinizi, daha fazla parayı, daha iyi bir sağlığı, hayalinizdeki evi, işi ve kariyer başarısını arzuluyor ve bu uğurda saydığım şeyleri umutsuzca tekrarlamaya devam ediyorsunuz.

Yani her şeyi yapmanıza rağmen, gerçekleşmemiş hayallerinizle kitabımın sayfalarını okuyorsunuz. Tezahür ettirilmemiş tüm bu potansiyelinizle takip etmesi kolay ve işe yarayan, kanıtlanmış pratik ve makul bir tezahür tekniği biliyor, onu bulmak için çabalıyorsunuz. Haksız da sayılmazsınız. Çünkü niyetlerimiz ortaya çıkmak için çaba gösteriyor.

Mesele şu: Son dönemlerde herkesin kolayca kullandığı ama asla anlaşılmayan şu meşhur "akışta olmak, teslimiyet ya da an'da kalmak" dediğimiz şey, niyetin frekansına odaklanmak ve uyumlanmaktan başka bir şey değildir. Bu fiziksel bir anlaşmadır. Niyeti-hayali-vizyonu, maddeye-hakikate ve tezahüre dönüştürmek bir simya işidir. Zihin ustalığı ve arzuya aşırı odaklanmak dışında, o arzuya yüklediğiniz tüm duygusal anlamları anlamanızı, derinlemesine arınmanızı, titreşiminizi ayarlamanızı ve enerjinizi yönetebilme ustalığını da içerir bu süreç. Bunu yapabilen kişi, bir tezahür ustası olacaktır. Bu yüzden siz aslında istediğiniz, dilediğiniz, umut ettiğiniz, düşündüğünüz şeye DEĞİL, olduğunuz şeye sahip olabilirsiniz. TEZAHÜR ettiğiniz şey, niyetiniz değil, sizin olduğunuz şeydir. Yani istediğin şeyi değil, olduğun şeyi çekersin.

Tam olarak neden söz ediyoruz?

Evren enerjidir. Her şey fotonik ses frekansından başka bir şey değildir. Niyet bir enerji formudur. Kuantum mekaniği bize "Niyet enerjidir" demektedir, bunu anlatmaktadır. En temel şey, niyetin, Kuantum Tezahür alanı olduğunun anlaşılmasıdır. Bu alan niyetimizdir ancak tezahürü için gereken bazı unsurlar vardır. Düşünmek, dilemek, umut etmek ve inanmak tezahüre ilişkin kavramlar değildir. Bu iki kavram arasındaki farkları çok iyi anlamak gerekir. Bir şeyi sadece düşünerek onun enerjisiyle uyum sağlayamazsınız. Bir şeyi sadece düşünerek iyileşemezsiniz. Bir şeyi sadece düşünerek, içinde bulunduğunuz durumdan sıçrayamazsınız. Fiziksel, ruhsal her şey enerjidir. Her şeyi bu enerjiyle yaparız. Enerjimizin kalitesi ve niteliği de yaşamımızın kalite ve niteliğidir. Biz bu enerjinin ne olduğunu bilirsek, fark edersek onun üstünde hâkimiyet kurabiliriz.

Dikkat etmediğimiz bir şeyi bilmeyiz. Bizler görmediğimizde, bilmediğimizde o alan karanlıktır. Bilmediğimiz bir şey (*bir inanç, bir duygu, bir düşünce, bir madde hiç fark etmez*) karanlıktır. Sembolik bağlamda bir karanlıktan söz etmiyorum, gerçekten karanlıktır. Her şey enerjidir. Farkında olduğumuzda yönetebiliriz.

Farkında olmazsak, yönetiliriz. Niyet temel bir yasadan çıkar, Çekim Yasası'ndan. Benzer enerjiye sahipsen onu yaşayabilecek bir uyum içindesindir. Neyle uyumlusunuz peki? İşte biz bu kitapta bunu öğreneceğiz. Tezahür ettirmekle ilgili en temel şey şudur:

> *"Bizler, hangi titreşim seviyesindeysek o titreşimdeki olayları, insanları ve oluşumları hayatımıza çekeriz. Yani benzer titreşimler birbirini çeker. Pozitif titreşimdeysek pozitifi, negatif titreşimdeysek negatifi çekeriz. Bunların hepsini içimizde dengeli olarak bulundurmak ve nötr bir alanda kalabilmek ise tezahür ettirmekteki esas hedefimiz."*
>
> – Ayşe Tolga

"Ne istersen değil, neysen onu çekersin."

– Wayne Dyer

KARANLIK ENERJİYİ TANIMLARKEN – HAYALDEN GERÇEĞE

Ölçülebilir, atomik maddeden, yani bizim normal madde olarak kabul ettiğimiz maddeden oluşan tüm evren sadece yüzde 4'tür. Yeni tanımlanmış evren yüzde 4'tür. Bizler için tanımlanan bu evrenin de yüzde 23'ü karanlık maddedir. Ve daha önceleri boş uzay olduğunu düşündüğümüz evrenin yüzde 73'ü ise karanlık enerjidir. Yüzde 96'lık bir alandan bahsediyorum. Karanlık diyebiliyor fizik dünyası, bu alan hakkında hiçbir fikrimiz yok. Ölçülemediği için, elbette. Evrendeki tüm enerji nötrdür, zamansızdır ve boyutsuzdur. Yaratıcılığımızla örüntüleri tanıma kapasitemiz mikrokozmos ile makrokozmos arasındaki bağlantıdır. Bildiğimiz maddesel dünya, parçacıkların, nesnelerin cisimsel dünyasıdır. Kuantum evren ise dalgaların zamansız dünyasıdır.

Göz, zihnin bilmediği bir şeyi görmeyi reddeder. Geçen yüzyılın başında icat olan sinema kamerasının, halkla ilk karşılaşmalarında neler yaşanmıştı biliyor musunuz?

İlk kez sinema filmi izleyen insanlar, hareket eden lokomotifin görüntüsünün duvardan çıkacağını sanarak panik içinde sinemadan dışarı fırlamışlardı.

Afrika'daki Pigmeler ilk kez sahraya çıktıklarında uzaktaki su buffalolarının iki inç boyunda olduklarını sandılar. Hayatlarında ilk kez fotoğrafla tanışan Eskimolarla ilgili bu hikâye beni çok etkilemişti. Kendilerinin çekilmiş fotoğraflarına bakan Eskimolar yüzlerini görmemişlerdi, sadece gri ve siyah lekeler görmüşlerdi.

Bunları niye paylaştım? Sizce bunlar yabani insanların ilkel tepkileri midir, yoksa bilmedikleri, tahayyül etmedikleri, kendilerinin bilinçaltında var olmadığı için algılayamadıkları bir dünyaya verdikleri reaksiyonlar mıdır?

Başka bir koddan gelen, başka bir dünyadan gelen tepkiler bunlar. Her insanın kabul ettiği bir kod vardır.

> *"Evrende sınırsız sayıda, her birine uyanmalarında yardım edeceğime ant içtiğim duyarlı varlıklar bulunuyor. Kusurlarım bitip tükenmeyecek kadar fazladır. Bunların hepsinin üstesinden geleceğime ant içerim. Dharma bilinemezdir. Bileceğime ant içerim. Uyanış yolu ulaşılamazdır. Ulaşacağıma ant içerim."*
>
> – Bodhisattva

Niyetin Gücü

Niyetin ne olduğunu anlayalım mı biraz?

Niyet, intention gücü, kelime karşılığı olarak bilinçli, kasıtlı eylemleri içerir. Niyet, intentio simyacıların öze dönüş sürecinde, metamorfoz sürecinin ilk aşaması olarak kabul edilirdi. Kişi, inisiye olmak için bu dönüşüm değişim süreçlerinin ilk adımını niyetiyle belirlerdi. İnisiye olmak yani initiation da Latince dil kökeni olarak, intention ile aynı kaynaktan gelmekte.

Tesadüf mü? Hayır.

Bu kitap size kalıcı olarak Kuantum Tezahürü ustaları olmanızı öğretecek bir kitap sevgili okurum. Bu sebeple diledim oldu yerine niyet ettim, tezahür ettirdim alanına geçebilmek için bedeninizde, zihninizde, enerji alanınızda da ustalaşacaksınız. Kendini bir altına dönüştüren simya ustası misali, siz de niyetin kuantum alanın kendisi olduğunu anlamalısınız. Yaratıcı hayal gücümüz, olağan ve katı görünümlü maddi dünyamızın temelinde yatan duyuüstü tasarıyı etkileyen, belirleyen ve şekil veren tek gerçektir ve kutsaldır. Simyada da hayal gücü, felsefe taşını keşfetmenin kapısını açan anahtardı. Jung da bu konuda aynen şöyle der:

"Hayal gücü kavramı muhtemelen yapıtı anlamanın en önemli anahtarıdır."

Hayalci terimi dünyada fantezi kurmakla eşdeğer tutulmakta. Hayalcinin yaptığı fantezi kurma, egosunun sürekli olarak yaşamla bir ilişki kurmaktan kaçınma, kendini sakinleştirme taktiğidir aslında. Ama benim burada bahsettiğim bu değil. Evrenin genel yapısı hayalcinin (*yüce zekâ, yaratıcı*) rüyası değil midir zaten? Niyet etmek, işte bu alanla bağlantı, onun rüyasını dünyaya yine onun aracılığıyla ifade etme aracıdır.

Einstein'ın "Hayal gücü bilgiden daha önemlidir. Çünkü bilgi sınırlıyken, hayal gücü bütün dünyayı kucaklar" derken işaret ettiği şey simyacıların hayal gücü tanımıdır. Simyacılar, kutsal sanatlarının gizli özü olarak "ruhun yaratıcı yeteneği" terimini kullanırlar ve hayal gücünü "hem fiziksel hem de psişik yaşam güçlerinin yoğunlaştırılmış özü" olarak görürler.

Ruhun yaratıcı yeteneği, yalnızca bir insan niteliği değil elbette. Simyacılar, insanın hayal gücünün katıldığı ve şahitlik ettiği ruhun kutsal bir etkinliği olarak tanımlarlar. "İnsanın hayal gücü, bütün evreni tam şu an hayal eden/yaratan hayal gücüdür" derler. Burada yine Jung'un "Tanrı'nın dünya yaratan hayal gücü" tanımına katılıyorum. Niyetimizle biz bu kutsal, yaratıcı hayal gücüyle sarmalanır, onunla iç içe geçer ve onunla dolarız.

Neredeyse 20 yıl önce enerji çalışmalarıyla zihnimi ve ruhumu hizalamaya çalıştığım bir dönemde, mevcut inanç sistemlerimin temellerini şekillendiren ilahi bir yönlendirme yaşadım. Çok yoğun bir meditasyonda, içsel olarak yüksek benliğimden bana bu bilginin gelmesiyle, kuantum alanı anladım. Her şeyin yaratıcısı sonsuz kaynak neydi, dünyadaki maddesel yaşam, bu illüzyon neydi? İllüzyonun içindeki rolleri seçenler olarak anladığımızda niyetlerimizi bilinçle tezahür ettirmek, gözümüzü kırpmak kadar doğal olacaktı. Niyetin gücünün anlamını kavradığım anda, yaşamım bambaşka bir anlam kazandı. O zamanlar kuantum fiziğini bu kadar derinlemesine çalışmamıştım, bilgileri idrak edebilecek seviyem, ruhsal boyutum elbette ki çok farklıydı. Ama şunu anladım: **Her şeye gücünü veren, tek şey sadece niyetti.**

Sevgili okurum, kuantum alan her şeydir. Bu her şeyi yaratan ise zekânın kendisidir. Zekâ ise, kaynaktır. Niyet verdiğim her şeyi yaşamımda yaşıyorum. İnançlarım, bilincim, bilinçaltım, zihnim, bedenim hiçbir şey birbirinden ayrı değil. İnandığım, gerçeğimdir. Bedenim, yaşamım şekilleniyor. Niyetim, kararımdır. Niyetim aslında yaşam rotamı belirler. İnançlarımın farkında değilsem, niyetimi değiştiremem.

Sevgili okurum, senelerdir anlatıyorum. Bizler her an her şeyle iletişimde olan sonsuz bir evrende var oluyoruz. Her şey enerjidir, titreşim ve frekanstır. Bedenlerimizin her şeyle etkileşimi olan bir anten olduğunu anladığımızda tezahür alanında önemli bir farkındalık yaşarız. Evrenle sonsuz bir iletişim içindeyiz. Bu iletişim her boyutta gerçekleşmektedir. Maddesel, ruhsal, zihinsel hiç fark etmez. Her şey bir ruha, bir enerjiye sahiptir. Kadim uygarlıklar buna ruh, spirit demekteydi. Şimdilerde fizikçiler enerjetik uyumlanma demektedir. Ancak bu uyumlanma için bildiklerinizi gözden geçirmeniz, yanlış ve eski bilgilerinizi tamamen sıfırlamanız ve yepyeni alana açılmanız demektir. Uyumlanacağınız çok alan var.

Zihinsel ve fiziksel boyutların temel yasaları vardır. Bu yasalara aykırı yaşadığımızda akışı bozarız. Basit gibi görünen ancak yaşamın temeli olan bu yasaları bilirsek, uygun yaşarsak hayatımızda her daim akışta olacağız.

Fiziksel boyutu, bedeniniz ve yaşam alanınızdır. Beslenmenizden evinize (*hem bedeniniz olan eviniz hem de içinde yaşadığınız eviniz*) yaşam alanlarınızın hepsini kapsar. Bu alanlarda iletişiminiz olmadığı için sağlıktaki refahınız, çevrenizdeki yaşantınızı kapsayan fiziksel alanların tümüdür.

Zihinsel ve duygusal boyutta ise, düşünceleriniz, duygular, inançlarınız, kendinizle ve dünyayla iletişiminizdir. Farkındalık ise unuttuğunuz iletişimi fark etmektir. Bu iletişimi bozan pek çok yan unsuru fark etmek, tekrar kalıcı, sağlam ve güçlü bir şekilde nasıl bağlantıyı kurmak gerekir?

Kuantum alan iletişimdir. İletişim maddesel boyutta olduğu gibi madde olarak algılamadığımız frekans alanlarında da gerçekleşir. İletişim her yerde, her an, her şey arasındadır. Bu iletişim size her boyutta arzu ettiğiniz her şeyin gelmesini sağlar.

Niyetinizin tezahür etmesini istediğiniz alanlar her neyse, para, ilişkiler, zaman, fiziksel sağlık gibi konular vs. bu alanlarla aynı anda uyumlu pek çok enerjetik alanı yaratma kapasitenizi ortaya çıkarmanız için gereken enerji, titreşim ve frekans uyumunu da getirir. Yazdıklarım karmaşık gelebilir, biraz daha açayım:

Siz yaşamınızın fiziki, zihinsel, duygusal, ruhsal ve enerjisel boyutlarının her biriyle iletişimdeyseniz, akıştasınızdır. Ancak iletişim yoksa akış bozulacaktır. Akışın olmaması zenginliğin, tezahürün ve bereketin frekansından koptuğunuz anlamına gelir.

Niyet ve tezahürün anahtarı akışta olmaktır

Akış tezahürün kendisiyle sürekli, kesintisiz hizada olmak demektir. Uyumlanmış olmak demektir. Her boyutta, burada bedeninden, zihninden, duygundan, enerji olarak istediğin alanın enerjisine denk bir frekans uyumundan bahsediyorum. Bu konuları kitabın ilerleyen sayfalarında daha fazla açacağım, derinleştireceğim ve iyice kavramanızı sağlayacağım merak etmeyin.

Bugüne kadar niyetlerinizin tezahür ettirilmesine dair kimsenin söylemediği en önemli sırrı söyleyeceğim şimdi size:

Âşık olmak, zengin olmak, başarılı olmak için **güçlü ve dengede** olmak gerektiğini anlamalısınız.

Evet dostlar, âşık olmayı hak etmekten, zenginliğe layık olduğuna inanmaktan farklı bir şey söylüyorum.

Layık olabilirsiniz, hak edebilirsiniz ama aşktan söz ediyorsak mesela, aşkı yaşayacak fiziki, zihinsel ve duygusal enerjiniz azsa YAŞAYAMAZSINIZ, KALDIRAMAZSINIZ, GÜCÜNÜZ YA DA ENERJİNİZ YETMEZ. Çünkü aşkla aranızda enerjetik bir uyumsuzluk vardır. Uyumsuzluk, akışın olmamasıdır. İletişimin olmamasıdır. EVRENDEKİ BENZERLİK YASASINI UNUTMAYIN. Benzerinizle uyumlusunuz. İster fiziksel ister zihinsel olsun, bu uyumsuzluğa dengesizlik, güçsüzlük, akışın olmaması ve iletişimsizlik denir.

Peki ne yapacağız bu durumda?

İletişimsizliği ortadan kaldıracağız, yanlış iletişim kanallarını düzenleyecek ve doğru akışı sağlayacağız. Yaşamınızın her alanında sınırsız potansiyelinizi yaşamanıza imkân verecek tek şey bu: İLETİŞİM.

İletişim = akış

Akış, evrensel kuantum alanının tümüyle aynı rezonansta olmamız demektir.

Bu sebeple, düşük ve yüksek titreşimi anlamalıyız. Yaşamak istediğimiz ilişki diyelim, daha fit bir beden diyelim mesela, bu bizim niyetimiz olsun, niyetimizin gerçekliğimiz olması için yapacağımız şey onunla aynı alanda olmaktır.

Yani **niyetimizin tezahürü için, niyetimizle eşit bir titreşim seviyesinde olmalıyız.**

Ben bir bütünsel şifa dönüşüm terapistiyim. Klinik Aromaterapi üzerine eğitim ve uzmanlığımı aldım. Okuduğum okul, şifayı sadece beden ve ortaya çıkan hastalıklar açısından ele almayan, enerjinin ve duygunun da sağlık sorununa yol açtığını bilerek sadece şikâyeti değil, yani sadece semptomu değil, bunun sebeplerini de köküne inerek temizleyen, kalıcı bir şifa yaklaşımını benimsiyordu. 2000'lerin başında benim açımdan büyük bir bilinç sıçramasıydı. Bütünsel yaklaşım aslında kuantum felsefenin tam da kendisiydi.

Teklik, ayrılık değil her şeyin birbiriyle her an iletişimde olduğunu, vücudumuzun bize hastalıklarla bir şeyler söylemeye çalıştığını anladım. Sağlıkta, işte, ilişkilerde, yaşamın her alanında bütünsel bakış açısına sahip olmadığımızda, refahtan, şifadan eksik kaldığımızı fark etmemle, tüm şifa yaklaşımlarımı bu alana kaydırdım. Niyetlerimiz, düşüncelerimiz ve duygularımız biyolojimizi kesinlikle etkilemekteydi. Bir duygumuzla, bir inancımızla ya da niyet belirlediğimizde, belirli sinir yolları aktive olur ve belirli biyokimyasal süreçler meydana gelir. Zaman içinde, tekrarlanan inançlar, duygular, niyetler ve bunlara uygun eylemler beyin yapımızı değiştirebilir; bu sürece nöroplastisite adı verilir.

Nöroplastisite, beynin esnek bir yapıya sahip olduğu ve yaşam boyu şekil değiştirebileceği kavramıdır. Eğer belirli bir duyguyu uzun süre düşünürseniz, bu duygu yüksek titreşimli ya da düşük titreşimli ise bu duygunun titreşim seviyesine uyumlanmaya başlarsınız. Niyeti sürekli olarak koyarsanız – örneğin, her gün meditasyon yaparak– zamanla beyninizin niyetle uyumlu hale gelmesini sağlarsınız. Bilimsel araştırmalar, meditasyon yapmanın prefrontal korteksi, yani karar verme ve öz-kontrolle ilgili beyin bölgesini güçlendirdiğini göstermiştir.

Nörobilim, niyetin insan beyni ve bedeni üzerindeki etkilerini objektif bir şekilde inceler. Özellikle, niyetlerin beynin farklı bölgelerini aktive ettiği ve kimyasal değişikliklere yol açtığı gözlemlenmiştir. Örneğin, "egzersiz yapmaya niyet etmek" beynin harekete geçirici bölgelerini uyarabilir ve endorfin salgılanmasını tetikleyebilir. Bu, zaten kendinizi daha enerjik hissetmenize neden olur.

Düşüncelerimiz, hislerimiz, yediklerimiz, evimiz, her şey titreşim seviyemizi etkileyebilir. Bu sebeple, bir niyetin tezahürü için kuantum alanla iletişim seviyemizin farkında olmalıyız. Basitçe duygularımız, inançlarımız, düşüncelerimizden bahsediyorum. Herhangi bir niyetin tezahürü için denk olmalısınız demiştim. İşte titreşim seviyeniz düştüğünde niyetinizin tezahür alanından, yaratım alanından düşersiniz. İletişimsizlik titreşimin o bölgelerde daha da düşmesine yol açar. Bu sebeple frekansınızı yaşamak istediğiniz gerçeklikle hizalamanız gerekir.

NİYET VE TEZAHÜR YASASI

Niyetinle Aynı Titreşimde Ol

Fiziksel beden titreşiminizin düşmesi; beslenmenize, uykunuza, egzersizinize bağlı olduğu kadar aynı zamanda düşüncelerinize, duygularınıza da bağlıdır. Niyetlerinizi kalıcı olarak tezahür ettirmek için **fiziksel olarak güçlenmeniz** gereklidir.

Çok basit gözüküyor değil mi? Basit ama yeni yeni anlamaya başladığımız tüm evrensel yasaları bu kitapta daha çok anlayacağız. Evrenin temel yasalarından bahsediyorum sevgili dostlar.

Tekabül Yasası, içeride ne varsa, dışarıda da o vardır.

Benzerlik-Çekim Yasası, benzer benzeri çeker.

Titreşim Yasası, hiçbir şey durmaz her an titreşir.

Bu üç yasa zaten hayalinizin, dileğinizin, bileğinize bağlı kırmızı ipin ya da bin beş yüz kez tekrarladığınız o Esma'nın neden işe yaramadığını gösterir. Evren Kuantum Tezahürü'dür ve bu alanın yasalarını uygulayan bizler için, size tezahür ettirmeniz için verilen çocuk oyuncaklarından farklıdır. Kalıcı, kontrollü ve bilinçli tezahürü hedefliyoruz. Bizler Kuantum

Tezahürü ustalığını hedefliyoruz. Bu yüzden temelden başlıyor, şatomuzu işte bu güçlü ve sağlam temeller üzerinde yükseltiyoruz.

Bu sebeple bu yöntemi geliştirdim. Tek nedeni, diğer tekniklerdeki eksiklikler ve kimsenin bunun farkında bile olmamasıydı. Yani tezahür ettirmeye dair bulabileceğim daha iyi bir teknik olmaması sebebiyle kolları sıvadım.

Peki eksik nedir? Geleneksel olarak alıştığınız, dilek dilemeye ya da umut etmeye dair tezahür yöntemlerinin hiçbiri, harekete geçmen gerektiğini söylemez. Yani niyetinizi tezahür ettirmenizin anahtarı, sizin bilinçli eylemlerinizde gizlidir.

Ben de önceleri bu gerekliliği bilmediğim için tezahür ettirmek için yaptığım şeyler bir türlü olmuyordu. Yani Kuantum Tezahürü'nün temel yasasından habersiz olduğum için sihirli iksir bir türlü tutmuyordu. Ne zaman ki ben kendi tekniğimin içine ilham veren eylemler kattım, işte o andan beri hayatım öyle değişti ki bazen inanmakta kendim bile güçlük çekiyorum. Neredeyse imkânsız olduğunu düşündüğüm şeyler bile hayatımda tezahür etmeye başladı. Ailem ve arkadaşlarım sihirli değneğini ne zaman oynatacaksın demeye başladılar.

Anlattıklarım tabii ki kendi kendilerine tezahür etmediler. Hepsini planladım ve çalıştım. Niyetimden asla vazgeçmedim, bazen planı değiştirdim. Benim kararım olan niyetlerimi Kuantum Tezahür alanında sonsuz potansiyellerimden biri olarak kendi alanıma yakalanacak bir titreşimdi. Niyetlerimin hepsini, ben hazır olduğumda bir mıknatıs gibi kendime çektim.

Kuantum Tezahürü'nde, ilham veren eyleme dayalı tekniğimi kitabımın ilerleyen sayfalarında okuyacaksınız. İşin temeli kontroldür. Peki neyin kontrolü?

Nefesini kontrol eden yaşamını kontrol eder.

İyilik Sende kitabımdan bir alıntıdır bu söz. Konuyu biraz daha netleştirmeye çalıştım. **Nefesimizi kontrol etmenin tezahür sürecimizin temeli olduğunu biliyor muyuz?**

Nefesimizi, niyetlerimizin tezahüründe güçlenmek, merkezlenmek, köklenmek için kullandığımız gibi, vizyon boyutunda Kuantum Tezahür alanına giden bir araç gibi de kullanabiliriz. O yüzden bu kitapta nefes konusu niye karşıma çıktı diye şaşırmayın, nefes bir araçtır sevgili okurum. Nefes üzerine son yıllarda Batı dünyası daha fazla eğiliyor, sadece fiziksel sağlık değil enerjetik alanda da nefesin muazzam enerjisi ve gücü anlaşılmıştır. Nefesimiz diyafram nefesi olunca, efor sarf etmeden yumuşak ve derin nefesler aldığımızda, bizi duygusal olarak dengede tutar. Duygularımızı nefesimizle kontrol edebiliriz.

NEFES = ZİHİN = YAŞAM KONTROLÜ

Aşağıda nefesin bütünsel yaklaşımda etkilerini anlayabilmeniz için bedensel-zihinsel ve ruhsal boyuttaki etkilerini madde madde listeledim.

Bedeninizde:

Organlar oksijenle beslendiği için vücudun işleyişi hatasız olur. Oksijen vücutta gitmesi gereken her yere gittiği için bedendeki gerginlikler azalır. Oksijen bağdokuları, tüm kas grupları, kemikleri bağlayan kıkırdak dokular ve eklemleri besler. Oksijen dengeli alındığında uzun yaşam enerjimizin sırrıdır.

Zihninizde:

Derin ve kaliteli nefesleriniz sinir sisteminizi kontrol eder. Derin nefes, odaklanmayı ve konsantrasyonu artırmada etkilidir.

Nefes egzersizleri, zihinsel berraklık ve problem çözme yeteneklerini geliştirebilir.

Oksijen beyni direkt olarak etkilediği için, doğru düşünme, analiz etme, mantık ve değerlendirmeyi de sağlar. Derin nefes almak, parasempatik sinir sistemimizi aktive eder. Bu durum, vücudu "Savaş ya da kaç" modundan "Dinlen ve sindir" moduna getirir. Derin nefesin stres hormonu kortizolün azalmasına yardımcı olduğunu gösteren pek çok araştırma bulunuyor. Sinir sisteminin kontrolüyse her türlü duruma dışarıdan bakarak objektif değerlendirme yetisini verir. Kaos sizi etkilemez, kalabalıklar panik yaşarken siz iç dengenizi koruduğunuz için merkezinizi korumuş olursunuz.

Ruh Yapınızda:

Nefes çalışmaları merkezi sinir sistemimizdeki parasempatik sinir sistemi üzerinde etkilidir. Nefesin beslediği organlar ve sistemlerin sağlıklı işlemesi nedeniyle, tutan mutluluk hormonu dediğimiz serotonin, dopamin, endorfin gibi sinirsel dengemizi yerinde tutan hormonlar dengeli salınırlar. Sinir sistemi dengelenir. Bu da negatif duygularımızla daha kolay baş etmemizi sağlar. Aynı zamanda oksitosin salgılarız. Oksitosin, "bağlanma hormonu" olarak bilinir. Derin nefes almak, bu hormonun salgılanmasını teşvik edebilir, bu sayede sosyal bağlar güçlenir. Nefes bizi şimdiye getirir. Sağlıklı nefes ile AN'da kalmayı sürekli deneyimleriz. Anda kalmak, bizi her şeyde tanrısallığı görmeye sevk edecektir. Nefes aldığınız her an yeniden doğar, nefes verdiğiniz her an yeniden ölürsünüz. Bu iki anın arası, en değerli andır. Siz bu an içinde o her şey olan, her şeyin kaynağı ve yaratıcısı olana kavuşur, O'nun huzuruna gidersiniz. Sonra geri gelirsiniz, üç dakikada bir O'nun mucizesine tanıklık edersiniz. Bunu bir hatırlasanız. Ah, o ne değerli an!

Nefesle solunum farklıdır. Biyolojik bedenimizin yaşamı sürdürebilmesi için işin mekanik kısmına solunum deriz. Ancak nefes alıp vermek, solunumdan farklıdır, sadece oksijen ve karbondioksit alışverişini sağlamaz, aynı zamanda evrensel yaşam enerjisi dediğimiz Çi enerjisini de bedenimizde dolaşıma sokar. Her nefeste bu yaşamsal enerjiden besleniriz, bedenimizdeki Çi enerjisini de harekette yani akışta tutarız. Çeşitli nefes teknikleri, enerjetik merkezler olan çakraları dengelemeye yardımcı olur, böylece yine enerji merkezleri arasındaki dengesizlik düzenlenerek akış sağlanır, fiziksel beden enerjinizi yükseltir.

Niyetlerimizi oluşturma ve Kuantum Tezahür ustaları olma yolundaki ilk tekniğimiz NEFES. Evet, her zaman en kadimi, en basit ama en donanımlısı, en değişmezi, en güçlüsüdür nefes.

Bilinçli nefes alma ve kontrolüyle fizyolojik ve psikolojik mekanizmalarımızı etkiler ve yönetiriz. Yaşamak istediğimiz tezahüre eşdeğer frekansa getirmek için fiziksel bedeni güçlendiririz.

Nefesini düzenlediğinde, tüm enerjin dengelenir, inancın temizlenir ve tazelenir.

Nefes sizin hiç bilmediğiniz bir şey değil, sadece unuttunuz! Şimdi bu kitapta sizlerle paylaşacağım nefes teknikleriyle bilinçli nefes alarak tezahür alanınızı güçlendirecek, besleyecek ve bu alanı kalıcı olarak kökleyeceksiniz. Bu kitapta size danışanlarımla, öğrencilerimle yürüdüğüm yolda eşlik edeceğim, beraber hatırlayacağız, niyetlerimizin tezahürüne iyi nefes alarak başlayacağız.

Efor sarf etmeden yumuşak ve derin nefesler alarak beynimizin dalgalarını dengeleyeceğiz. Vücudumuza doğru oksijen girince, oksijenle beslenen organlarımız da beslenecek, oksijen arttıkça sinir sistemimiz dengeye girecek, algımız temizlenecek ve netleşecek. Bilinçaltımızdaki kıtlığa ve korkuya ait tüm düşük titreşimleri kolaylıkla temizleyeceğiz. Tezahür uygulamaları bölümünde yer alan tezahür nefesi çalışmasında nefes kontrolünün, yaşam kontrolü demek olduğunu öğreneceğiz.

Nefesimizden sonra, bedenimizin titreşimini yükselterek bizi niyetlerimizle hizalayacak Kuantum Tezahür ustalığına getirecek bir diğer besinimiz ise su. **Hiçbir canlı susuz yaşayamaz.** Suyun titreşimi, kimyasal yapısı ve içeriğini vücudunuz anlıyor. Suyunuz canlı değilse vücudunuz kabul etmiyor. Suyun en yüksek iletken olduğunu unutmayın, bu sebeple suyumuz da niyet alanımızdadır. Vücudunuzun kaybettiği suyu geri kazanmak için yapacağınız şey basit, sadece su içmek. Susuzluğu lütfen başka sıvılarla gidermeye çalışmayın. Bedeniniz çok akıllı bir mekanizmadır, su olarak algılamadığı hiçbir şeyi işleme sokmaz. Hatta su içtiğinizi sandığınız ancak su özelliği taşımayan bazı kolajenli, aromalı suları bile.

Yüksek titreşimli su içmeye gayret edin. Suyu nasıl yüksek titreşimli hale getirebilirsin? Çok basit: İçeceğiniz suya niyetinizi yükleyin. "Bana şifa, deva, yüksek enerji, zihin berraklığı, güç vermeni istiyorum. Teşekkür ederim" deyin mesela.

Beslenme

Ne Yiyorsan, O'sun.

Enerjimiz nefesimizden olduğu kadar yiyeceklerimizden ve içtiklerimizden geliyor. Canlılığımızı korumanın en temel öğelerinden biri beslenmedir. Organik, taze yemekler 20-27 Hz'yle yüksek bir frekansa sahiptir. Hazır yiyeceklerin, genetiği değiştirilmiş ve işlenmiş besinlerin frekansı 0 Hz'dir.

Benzerlik yasası burada devreye giriyor. Sistemin hücre yapısından hücre çekirdeğinin frekansına bir bağ kurmamız gerekir. Sizin DNA'nıza en uygun şey, besininizdir. Sizi güçlendirirdir, deva olur, şifa olur. Ne yiyorsanız onun titreşimi bedeninizi iyi ya da kötü etkiler. Doğada var olan doğal her şey çok boyutlu, çok faydalı ve komplekstir. Sentetik, melez olan ise tek boyutlu, az faydalı ve basittir. Sentetik her şey tek boyutludur ve düşük titreşimlidir. Yağlardan sebzelere, proteinden fermente gıdalara titreşimi yüksek olan tüm yiyecekleri titreşiminizi yükseltmek için de kullanabilirsiniz.

Yediğiniz yiyecekleri niyetlerinizle güçlendirebilir, bedeninizin ihtiyacı olan enerjiyi yükleyebilirsiniz. Niyetiniz bunu kolayca sizin için yapacaktır. Şükran enerjisini neden yiyeceğinizin titreşimini yükseltmek için kullanmayasınız ki? Eskilerin ne güzel âdetleri vardı, yemek masasına oturduklarında, nimetlere dua edilirdi. Bu sebeple masamıza gelen her şeye, hayat zincirinde bizi besleyerek onurlandırmayı seçtikleri için şükranlarımızı sunmayı, yerken tıpkı suya yaptığımız gibi niyetlerimizle gıdayı kodlamayı unutmayalım.

Uyku

Sağlık ve esenlik göstergelerinden biri olan uykunuzu iyi ve dengeli aldığınızdan emin olun. Uykunun azı ya da fazlası değil, yaşamınıza uygun uyku saatlerinizin olması önemli. Niyet ve tezahürü anlatan bir kitapta uyku kalitenizden bahsedilmesi size saçma gelebilir ancak, beyin dalgalarınızın Kuantum Tezahür alan frekansına uyumunu bozan beyin dalgalarını uykusuz kaldığınızda yayarsınız. Beta, stresin beyin dalgasıdır. Kortizol ve adrenalin ile bağlantılıdır ve vücudunuzda birçok olumsuz tepkiye sebep olur. Korku ve anksiyete yüksek beta üretir, birçok yararlı hücresel fonksiyonu engeller. Üst beta dediğimiz bu dalga, zihinsellik alanını da tanımladığım analizci, kontrolcü hale getirir. Kaygı frekansıdır.

Bu sebeple iyi uyku uyuduğumda, teta, delta ve alfa beyin dalgalarında sörf yapan sinir sistemim dinlenmesinin yanı sıra, kuantum alan frekansına beni uyumlar.

Kuantum alan neresiydi?

Her şey.

Şimdi bedenimizi güçlendirdik, niyetimiz tezahür ettiğinde onu taşıyacak güçte miyiz? Hayır. Şimdi işin diğer kısmına geçeceğiz. Zihinsel yapı...

Güçlü Bir Öz-benlik Oluşturma Çalışması

Bu çalışma zihinsel olarak kendinizi güçlendirmeniz, olumlu özelliklerinize dikkatinizi getirmeyi hedefler.

Bu çalışma sonrası günlüğünüze şu soruların cevaplarını yazın lütfen:

1. Fotoğraf duvarında hangi tür anılara rastladınız?
2. Kendinizde hangi olumlu nitelikleri fark ettiniz?
3. Şefkat gösterdiğiniz ve olumlu etki bıraktığınız bir anı paylaşın.
4. Duygusal güç gösterdiğiniz bir zamanı anlatın.
5. Mizahınızın olumlu bir etkisi olduğu bir anıyı paylaşın.

6. Bu alıştırmayı tamamlamanın size nasıl hissettirdiği, yolculuk sırasında ve bu soruları yanıtlarken kendinizi nasıl hissettiğiniz hakkında konuşun.
7. Bu egzersiz sayesinde kendiniz veya hayatınız hakkında ne öğrendiniz?

Artık niyetimizle çalışabiliriz. O halde **ilk adımdan başlayalım. Niyeti belirlemek.**

NİYET

Adım 1: Niyetinizi Belirleyin

Evrene sormak, evrenden dilemek diye adlandırılan şey işte bu. Ancak evrenin dışarıda olmadığını artık biliyorsunuz. Yani sadece "evrene" ne istediğinizi söylemiyorsunuz, hedeflerinizi yazmıyorsunuz ya da bir vizyon panosuna hayalinizdeki yaşamla ilgili birtakım resimler yapıştırmıyorsunuz. Niyet böyle bir şey değildir, çok daha fazlasıdır.

Bu ilk adımda yapacağınız şey:

- Ne istediğinizi bulmak - **NİYET** (Hayalci)
- Tezahür hedefleri belirlemek - **EYLEM PLANI** (Gerçekçi)
- Tezahür hedefine varış planlarını devreye sokmak, bilinçaltınıza iletmek (Eleştirmen)
- Tüm süreci kontrol etmek, Eleştirmek ve bitirmek - **TEZAHÜR**

Hedefleri tezahür ettirmek, ne istediğinizi netleştirmek ve hedeflerinizin ardındaki niyetinizi bulmakla başlar. Çoğu insan niyetlerinden habersizdir. Karşılarına geldiğinde niyetleri onları korkutabilir, tezahür sürecinin içinde bitirebilirler. Bu sebeple niyetin içinde, belirli bir hedef belirleme süreci de vardır. Bu süreçte bilinçaltınızın gücünden yararlanmanız gerekir. Niyetlerimizi bulmak için olumlu duyguları tetikleyerek evrensel yasaları harekete geçirmemiz gereklidir.

Her şeyden önce bir tane niyete ihtiyacınız yok. Elbette işte başarı, hayat arkadaşı, zenginlik gibi temel niyetleriniz olacaktır. Ama bunları da detaylandırabilirsiniz ve gerçekten niyetinizin ne olduğu konusunda hâlâ kafanız karışıksa, gerçekten ne istediğinizi öğrenmek istiyorsanız şu tezahür sorularını sorabilirsiniz. Soruların cevaplarını, *Manifest Günlüğü*'ne yazın.

- Hayatınızda gerçekleşmesini istediğiniz, ihtiyaç duyduğunuz şey nedir?
- Hayatınızda eksikliğini duyduğunuz şey nedir?
- Hayatınızda kıt olduğunu hissettiğiniz şey nedir?

Not: Niyet ve tezahür sürecinizi netleştirebileceğiniz, bir *Manifest Günlüğü* hazırladım sizin için. Günlükte, kitaptakilere ek olarak pek çok yardımcı bilgiler de yer alıyor. Ama en önemlisi, sizi niyetinizle hizada tutacak üç alanda sizi destekleyecek bir günlük tasarladım size.

Eğer günlüğü kitabı satın alırken edinmediyseniz QR kodu okutarak destekdukkan adresinden temin edebilirsiniz. Size bu süreçte çokça faydası olacaktır.

Çekim Yasası dediğimiz şey neydi?

Düşüncemiz, niyetimiz, karanlık enerji dediğimiz alanda potansiyel olarak açığa çıkmayı bekleyen dalga boyu idi. Hissimi, inancımı, niyetimi bu alanda yoğunlaştırmaya başladığımda, dikkatimi ve enerjimi de veriyorum.

Yani buraya niyetimle kuantum alanda, gerçekleştirmeyi yani tezahürü zaten taşıyorum. Yaşamınızda sahip olmak istediğiniz maddesel şeyler dahil her şey öncesinde kuantum bilinç alanında zaten var. Kuantum alanı ismini de çok havalı, bilmediğiniz bir şey sanmayın sakın. Biraz da kuantum dünyasının temel ilkelerini anlayalım ve bunların bizimle ilişkisine bakalım. Bilim dünyası insan evriminde bir kuantum değişimden bahsediyor, bu değişimi tetikleyen nedir ve değişimi olumlu bir yöne nasıl yönlendirebiliriz? Yeni çağ inancını benimsemiş pek çok kişinin inandığı gibi, ruhani bir değişim mi olacak yoksa birçok fütürist, transhümanist ve yapay zekâ geliştiricisinin inandığı gibi tamamen bilimsel ve teknolojik bir değişim mi olacak? Yoksa bu iki yaklaşım bir şekilde bir araya gelerek dünyayı daha dengeli ve ileri bir geleceğe taşımak için birlikte mi çalışacak?

Bu soruların yanıtları gerçekten bizim elimizde. Kesin olan bir şey var ki böyle bir dengeye ulaşmak için düşünme, hareket etme ve ilişki kurma şeklimizde temel bir değişim gerektirecek, yani paradigma değişimi. Paradigma değişimi bizi yaşam tarzımızda devrim yapmaya götüren tek şeydir sevgili okurum.

Yirminci yüzyılın en etkili bilim felsefecilerinden biri olan ve *Bilimsel Devrimlerin Yapısı* kitabının yazarı Thomas Kuhn "Paradigmalar değiştiğinde dünya da onlarla birlikte değişir" demiş.

Düşünme ve yaşama biçimimizi eski programlamadan uzaklaştırarak yeni bir gerçeklik paradigmasına gerçekten açık ve uyumlu olacak şekilde yeniden eğitebilir miyiz?

Evet, yapabiliriz. Yine de karşılaştığımız zorluklardan biri, kuantum fiziği, sicim teorileri ve çoklu evren kozmolojisi çağında bile, insan düşüncesinin hâlâ çok fazla maddesel, kütlesel bir çalışma biçimine takılıp kalmış olmasıdır. Sorunları algılama ve onlara yaklaşma biçimimiz, günümüzün hızlı, dijital dünyasına artık uygun olmayan modası geçmiş paradigmalardan büyük ölçüde etkilenmekte. Niyet ve tezahür de bununla ilişkilidir. İnsanlığın düşünce, bilinç ve evrimsel sıçraması için gereken tüm önemli atılımlar, eski düşünme biçimlerinden kopmamız gerekmektedir. Bu eski paradigmanın yerine dünyayla nasıl ilişki kuracağımıza dair yeni bir vizyon koymalıyız. Bu vizyon kuantum gerçekliğine dayanıyor.

Newtoncu ve kuantumcu paradigmalar nedir ve bunlar arasındaki farklılıklar nelerdir?

Newton Paradigması: Determinizm, ayrılıkçılık, indirgemecilik ve materyalizm fikirlerine dayanır. Özünde bu, her şeyin izole edilebileceğini ve doğrusal, mantıksal bir saat gibi işlemesi gereken bireysel parçalarına indirgenebileceğini, her şeyin kesin bir netliğe sahip olması, öngörülebilir ve kontrol edilebilir olması gerektiğini söyler. İşte bu anlamda determinizm bizi ruhtan ve seçimden koparır. Sol beyin odaklı yaşamdır, deterministik inanç rekabeti, ben ve diğerlerini, ayrılığı teşvik eder, bu da ego ve açgözlülüğü körükler. Bu eski paradigmanın nasıl dengesiz bir dünyaya yol açtığını görmek için çevrenize bakmanız yeterli.

KUANTUM PARADİGMASI

Kuantum bakış açısında her şey birbirini tamamlayıcı, bağlamsal, bilinçli ve bağlantılıdır. Kuantum ilkeleri Newton paradigmasını tamamen tersine çevirir. Kuantum teorisi bugün sahip olduğumuz en başarılı fizik teorisidir.

> *"Kendini okyanusta*
> *bir damla sanma.*
> *Bir damlanın içinde*
> *kocaman bir okyanussun."*
>
> – Mevlana

Sevgili okurum, en küçük parçacıklardan galaksiler arası uzayın en büyük yapılarına kadar bir kuantum evreninde yaşıyoruz. Kuantum ilkeleri evrenimizdeki her şeyin, biz kuantum varlıkların temelini oluşturuyor. Kuantum fiziğinin en heyecan verici ve umut verici yönlerinden biri, evrenin katılımcı olduğunu söylemesidir, yani seçimlerimiz önemlidir, hatta düşüncelerimiz bile önemlidir. Bu da gücü tekrar elimize veriyor. Ancak bu süreçte popüler niyet kavramından daha fazlası var.

Hem klasik hem de kuantum fiziği konusuna uzunca zaman çalışmış biri olarak kuantum fiziğinin tuhaf ve harika olasılıkları beni her zaman büyülemiştir. Bu alanda 2000'lerin başındaki amatörce çalışmalarımdan bu yana, kuantum ilkelerinin yalnızca atomik ve atom altı dünyaları açıklamak için değil, aynı zamanda evrenin, tüm varoluşun da temel dokusunu oluşturduğuna dair sezgisel bir his vardı içimde. Kuantum paradigmasını iyice özümseyebilirsek, hepimizin temel sorusu olan kim ve ne olduğumuzun cevaplarını, varoluşumuza dair daha derin bir evrensel gerçeği bizlere vereceğini hissediyordum. Yaşadığımız dünyayı bakarak gerçeklik olarak etiketlediğimiz yaşama dair genel görüşümüzü derinleştirecek bilgileri verebilirler. Düşünme biçimlerimizi bu görüşe göre yeniden düzenleyip, paradigmalarımızı yeniden düzenlediğimizde, her alanda yepyeni olasılıkların kapıları ardına kadar açılabilir.

Örneğin, 21. yüzyıl toplum modellerimizi yeniden tasavvur etmek için kuantum ilkelerini uygularsak ne olabilir? Toplumsal sistemlerimiz iş ekonomisi, ilişkiler, psikoloji, felsefe, sosyoloji, eğitim ve daha fazlası gibi sistemleri nasıl dönüştürebilir?

Bakın Newton fiziği dünyada 300 yıl önce var olduğunda, kendi dönemi için yapması gereken tüm paradigma değişimini sağladı. Newtonizm uygulandığında, sadece devam etmekte olan bilimsel devrimi sağlamlaştırmakla kalmadı, aynı zamanda devam eden Aydınlanma Çağı'nın ve daha sonra da Sanayi Devrimi'nin katalizörü oldu.

Şimdi bizler yepyeni ikinci bin yılın, milenyumun yani 2000'lerin çeyreğine gelmişken, dünyamızı, toplumumuzu ve kendimizi yeni kuantum ilkelerine dayanarak gerçekten yeniden keşfetseydik, bugün yaşam tarzımızda neler olurdu hiç düşündük mü? Kuantum fiziği bizleri nasıl değişebilirdi?

Bunun halihazırda nasıl gerçekleşmeye başladığı gözlerinizin önünde.

1973 senesinde doğan biri olarak "Star Trek" dizisinde izlediğim akıllı cep bilgisayarlarından görüntülü görüşme ile İstanbul'dan Yeni Zelanda'daki arkadaşımla görüşmem, kuantum fiziğinin yaşamımıza zaten girmiş olmasının bir örneği, bizlerin yaşadığı çağ dijital çağdır. Bugün toplumu yönlendiren modern teknolojilerimizin pek çoğu, cep telefonlarından dijital bilgisayarlara, MRI görüntülemeden atomik lazerlere kadar kuantum fiziğine dayanmaktadır. Bu nedenle, çoğumuz artık enerji ve titreşimin maddeden daha temel olduğu bağlantılı bir dünyada yaşadığımızın farkındayız. Buna rağmen çoğu insan hâlâ kuantum farkındalığıyla hareket etmemektedir.

Bilimkurgu filmlerinde gördüğümüz her şey yaşamlarımızda birer birer gerçek olurken, bazıları hâlâ gördüğüme inanırım diyor. Bizler Kuantum Tezahürü'nün algılayabileceğimiz %4'lük alanı olan kütlesel bir boyutta, yani maddesel bir alandayız. MR cihazlarına giriyor, internetten faydalanıyor, elektrikli arabalarımıza biniyor (en azından ben) kuartz kristalli saatlerimizin keyfini sürüyoruz. Yani enerjinin ve titreşimin tüm imkânlarından faydalanıyor ancak yaşadığımız evrenin bir Kuantum Evren olduğunu idrak edemiyoruz. Bakın insanlık olarak tüm uzun yolu gittik, sezgisel olarak kuantum fiziğiyle ilgili hissettiklerimi ifade edecek, anlatacak çok az kişi olduğu için, iş başa düştü. Bilip de anlatmamak olmaz diye, kolları sıvadım ve yine bir kitap yazdım sevgili okurum. Şimdi kuantum farkındalığı üzerine uzun uzun yazmayacağım, ama merak etmeyin tezahür tekniklerimin bir kısmı bu kitapta yer alıyor. Yeterli sayıda insan kendi yaşamında bu değişimi gerçekleştirdiğinde, kolektif değişimi desteklemeye ve yönlendirmeye yardımcı olabiliriz. Sizinle hem zihinsel hem bilinç açısından bu sıçramayı yapacağınız teori ve pratiğin birleştiği bu kitabı hazırladım. Kuantum Zihniyeti alanında derinleşmek ve daha güçlenmek isterseniz Kuantum Tezahürü webinerime beklerim.

Bunun nedeni nedir?

Kuantum farkındalığına sahip olmak tamamen başka bir şeydir. Kuantum farkındalığı ile yaşamı algıladığınızda BİLİNÇLİ PARADİGMA DEĞİŞTİRİCİSİ olursunuz.

Esas soru şu.

Algılarımızı yeniden programlayabilir ya da yeniden düzenleyebilir miyiz?

Newton fiziğinin parçacık doğasıyla kodlandığımız yüzlerce yıllık genetik ve sosyal koşullanmadan sonra bu mümkün mü?

Cevap evet, bu mümkün.

Ancak bu değişimi yapmak için doğru kavramlarla eski paradigmalarınızı kırmanız gerekli. Bu farkındalığa varacak kuantum dönüşümü için gereken zihinsel, ruhsal ve bedensel rutin halinde yapacağınız günlük çalışmalarınızla kendi kuantum sıçramanızı gerçekleştirebilirsiniz. İşte 2019 senesinde yazdığım *Titreşimini Yükselt, Hayatın Değişsin* adlı kitabım, kuantum paradigmalarınızı yeniden düzenlemenize yardımcı olmak üzere kaleme alınmıştı. Okuduktan sonra bana teşekkür eden pek çok fizikçiden aldığım ilhamla ve cesaretle şimdi bu kitapta sizlere bu alanları biraz daha netleştireyim ki Kuantum Tezahürü ustalığını yaşamlarınızda kalıcı olarak icra edecek hale geleceksiniz.

Tüm bu bilgilerin ışığında, Kuantum Tezahürü'nü sizin için özetlemem gerekirse şöyle derim:

- Düşüncenizi değiştirdiğinizde, inancınız değişecek.
- İnandığınız her şey yaşamınıza yön veren tüm enerjiyi değiştirecek.

- Enerji titreşiminizi değiştirdiğinizde rezonansınız değişecek.
- Zaten tezahürün sonsuz olduğu kuantum alanla eş rezonansa girmenizi sağlayacak.

Çünkü düşünceleriniz evreni etkiliyor. İşte bir kuantum sıçraması yaşamınızda gerçekleşti bile. Şimdi kuantum zihniyeti nedir biraz daha net anladıysak, aslında kutsal kitaplardan kadim öğretilere her yerde anlatılanın kuantumdan başka bir şey olmadığını da anlayacağız.

> *"Andolsun, insanı biz yarattık ve nefsinin ona verdiği vesveseyi de biz biliriz. Çünkü biz, ona şahdamarından daha yakınız."*
>
> – Kâf Suresi 16. Ayet

HOLOGRAM KURAMI

Kuantum zihniyeti hologramı anlamanız için bir alt basamaktı. Hologram kuramı, bütün var edilmişlerin, aynı bütünün parçaları olarak, bir ve özdeş olduklarını, her birimin, bütünün bilgisini içinde taşıdığını ve uygun gelişme sağlanırsa, bütünün tam görüntüsünü yansıtabileceklerini ileri sürmekte ve tüm bilgilerin, her an ve her yerde kullanıma hazır olduğunu söylemektedir.

Tekabül Yasası evreni teşkil eden parçaların, birbirinin kardeşi, hatta insanın kendisi olduğunu simgeleyen kuramlar yolu ile modern bilim, "Yukardaki (Evren ya da tanrısal katman) aşağıdaki (Dünya) gibidir. Aşağıdaki de yukardaki gibidir" söylemini doğrulamaktadır. Fiziki evrende mevcut kuvvetlerin, yavaş yavaş birleşerek tek bir güç yaratma eğiliminde olduğu artık biliniyor. Tüm yeni kuramlar ya da keşifler, evrensel tekliği ve birliği işaret etmektedir. Evrende her şey birbirine bağlı ve aynı gerçekliğin farklı yönlerini yansıtmaktadır.

Birbirinden ayrı ve bağımsız birimler yoktur. Madde, enerjinin yoğunlaşmış halidir. Bizler tek bütünün parçalarıyız ve içimizde aynı özü taşıyoruz.

Kuantum evren ise %4'lük alanın hem tamamını kapsıyor hem de onun olamadığı tüm diğer alan olan %96'yı da kapsıyor. Kütlesel olarak henüz ölçülemeyen, karanlık madde ve enerjinin de içinde olduğu Akaşa alanı... İşte bu alana zihnimizle giremeyiz çünkü titreşimi dünyevi boyutta.

Vücudumuzun yöneticisi beynimiz olsa da beynin elektromanyetik alanı ile kıyaslandığında, beyinden çok daha güçlü bir elektromanyetik alan yaratan bir organımız daha var. Vücudumuzun tam merkezindeki kalbimiz.

Kalbimiz vücudumuzun en güçlü enerji merkezidir. Akaşa alanına zihnimizle giremeyiz ama kalp enerjimizle girebiliyoruz. Niyetlerimizi tezahür ettirmenin ilk kuralı onunla denk enerjide olmaktı demiştik. Bizler de tezahürü etkileyecek olumsuz, negatif inançlarımızı ve zihinsel alışkanlıklarımızı derinden temizlemek için bilinçaltı temizlik çalışmalarımızı yapacağız.

Zihnin hükümdarlığına son vereceğiz, analiz etmeyi, kıyaslamayı, limitleri olan sol beyinden, kolektife, Akaşa'ya, hayale, vizyona ait alana sağ beyne doğru kayacağız. Zihnimizi sessizleştirecek, kalbimizi aktive edeceğiz. Niyetimizi net bir şekilde belirlerken kalp enerjimizden yararlanacağız.

Neden kalbimizle çalışalım?

Enerji, frekans ve titreşim, evrenin temel işleyişini ve yasalarını bize net bir şekilde ifade eden kilit kavramlardır. Maddesel dünyada görebildiğimiz (Fizik) ya da göremediğimiz (Metafizik) tezahür eden her şeyin, farklı hızda veya titreşimde, yani titreşim, enerji, dalga ve gerilim tarafından oluştuğunu artık biliyoruz. Pozitif bilimler beynin vücudun yöneticisi olduğunu söylemektedir. Biyolojik bedenlerimiz için, maddesel alanda bu doğrudur. Merkezi sinir sistemimiz, omurgamız, beynimiz bir bütündür. Beyin sapımız, beyinciğimiz ve alt beynimiz bizi çevresel tehlikelerden korur, beden dengemizi koruyarak, yaşamımızı devam ettirecek normal şartları bize sağlar. Bu yüzden beynimiz fizik alana bağlıdır.

Fiziki = görünür, ölçülebilir, madde formunda olan. Kalbimiz ise metafizik alana bağlıdır. **Metafizik = fizikötesi, görünmeyen, madde formunda olmayan.** Ancak yapılan araştırmalar bize göstermektedir ki kalp beyinden daha önce Kuantum Tezahür alanına ait bilgiyi algılamaktadır.

Kalp fizik ve metafizik alanlarındaki tüm sinyalleri alabilir. Çünkü kalp hem dalga hem de parçacık boyutunda sinyaller gönderebilme, alabilme ve tüm bu sinyalleri deşifre ederek, indirme yeteneğine sahiptir. Tezahür ettirmek istediğimiz her niyetimizi yaşamımıza almamızın tek sırrı budur.

Kalbimiz dişil enerjidedir, onun alıcı verimini artıracağız ve kalp titreşimimizi yükselteceğiz. Çünkü, kalbimiz tezahür gerçekleştirici bir makinedir. Kalpteki nöron hücreleri beyinle iletişim kurmakta ve bu sayede kalbin faaliyetlerini düzenler. Kalbin nöronları, beyinle ilişki içindedir.

Kalp beyinle tam 4 farklı türde iletişim kurar:

- Sinirler ile nörolojik iletişim
- Kan basıncı dalgalarıyla biyofiziksel iletişim
- Hormonlar ve nörotransmitterlerin kurduğu biyokimyasal iletişim
- Elektromanyetik iletişim

Kalpten beyne ve beyinden kalbe sürekli bir bilgi akışı gerçekleşir. Biz yalnız beyni düşüncenin merkezi olarak bilsek de kuantum alanda öyle değildir. Vücudumuzda, kalpten beyne gönderilen bilgi miktarı, beyinden kalbe gönderilenden daha fazladır. Kalbin ürettiği biyoelektromanyetik alan, beynin elektromanyetik gücünden 5 bin kat daha fazladır ve çok geniş bir alana etki etmektedir.

Vücuttaki tüm organların tıpkı vücut gibi bir enerji frekansı vardır. Bu frekans bir biyoelektromanyetik alan yaratmaktadır. Kalbin ritmik atımı ile üretilen kanla ses basıncı ve elektromanyetik yayılım, vücuttaki her organ ve hücre tarafından algılanır. Dokular tarafından emilen ve yansıtılan bu manyetik alan, aynı zamanda o enerjinin yayılma sahası içinde bulunan kişiler tarafından da hissedilebilir. Frekansınız yani titreşim düzeyiniz arttıkça, enerji seviyeniz değişir ve siz buna karizma dersiniz. Bilinçsiz olduğunda tüketici olabilir, bilinçli olduğundaysa bizi niyetlerimizle buluşturandır.

Nefes-Düşünce-Duygu... Tezahür için en önemli şey. Bu sebeple tezahür ve niyetimizle aynı frekans alanına kendimizi yükseltmek için kullanacağınız çalışmalar arasında paylaştığım "Tezahür Nefesi" çalışmasını uygulamanız bu nedenle çok önemlidir. Nefesimizle nabzımız senkronize (*yani birbiriyle uyum içinde*) olmalıdır. Bu uyum, beynin çalışmasını ve duyguların kimyasını olumlu yönde etkiler. Nefes-Niyet-Tezahür piramidini kullanarak nefesinizle bağlantı kurduğunuzda kalp beyin bağlantısını gerçekleştirirsiniz. Kalbimiz Kuantum Tezahür alanındaki en büyük yardımcımızdır. Kalp frekansımızı yükselterek ve dengede tutarak tezahür kasımızı çalıştırırız.

Hayalinizdeki gibi bir kadınla ya da erkekle ilahi bir birliktelik niyetiniz olsun. Bu tezahürün hissini yaşadığınızda, tezahür frekansında olursunuz. Eşinizle birlikte olduğunuzda yaşayacağınız hislere yoğunlaşmanız bir alan yaratacaktır. Aslında size o kadını ya da erkeği çeken şey frekansınız olacaktır. Asıl manyetik alan yaratan şey, kuantum fiziğinde bahsedilen gözlemci etkisi gibi sizin niyetinize yaptığınız enerji yüklemesidir. Bu SEBEPLE SİZ ZATEN O ALANDA, O TEZAHÜRÜ YAŞAYAN OLDUĞUNUZU İDRAK ETTİĞİNİZDE, Kuantum Tezahür ustalığındaki en güçlü sırrı öğrenmişsiniz demektir. Niyetin gücünü ve etkisini sakın küçümsemeyin.

Niyet etmek, eylemsel bir dil karşılığından gelmektedir. Niyetlerimiz kontrattır. Niyetlerimizin tezahürü vardır. İşte bu tezahürün hissini yaşadığımızda, tezahür frekansında oluruz. YANİ SİZ ZATEN SAHİP OLDUĞUNUZ TEZAHÜRÜNÜZÜN SİMÜLASYONUNU KENDİNİZE BİLİNÇLİ BİR ŞEKİLDE OYNATMALISINIZDIR. O ilişkiyi daha o kişiyle karşılaşmadan kendi kalp enerjetik alanınızda yoğunlaştırıyorsunuzdur. Kalp frekansınızı da yükselttiğinizde hayalinizdeki o ilişkiyi yaşarken size geçen hisler, gerçekliğinizi ve akışı oluşturacaktır.

Herkes arzu ettiği tezahür alanında niye var olamıyormuş, bunu en yalın ve basit haliyle anlamış olduk değil mi? Şimdi gelelim diğer kısma. Yüksek titreşimlere ulaşmanın en önemli adımlarından biri de düşünceleri fark etmektir.

ZİHNİNİ YÖNETEN, YAŞAMINI YÖNETİR

Her şey enerjidir, enerjisi olan her şey titreşir. Düşüncemiz ve hislerimiz de enerjidir ve bir titreşim seviyesi vardır. İçinde yaşadığımız dünya zihnimiz tarafından inşa edilmektedir. Doğru enerjiye yönlendirilmiş düşünce gücü sayesinde her niyetin tezahürü mümkündür. O halde niyet ettiğimiz yaşama sahip olmamızı engelleyen ve farkında olmadığımız tüm düşüncelerimizi nasıl fark edebiliriz?

Kuantum alanımızı oluşturan şeyler (*görünmeyen, madde olmayan şeyler*) yani inançlarımız, duygu ve düşüncelerimizdir. Her şey enerji olduğuna göre elbette inanç, duygu ve düşüncelerimiz de kendi frekans değerlerindeki enerjiyi taşırlar. İnançlarımızın, duygu ve düşüncelerimizin kalitesi, enerjisini de belirliyor.

Temel fizik yasası ne diyordu?

Enerji yoktan var olmaz ve asla yok olmaz.

- O halde düşünce ve inançlarımız neler?
- Gerçekten kendi özgür inançlarımıza ve düşüncelerimize mi sahibiz?

İnsanlığın büyük çoğunluğu şu an bilinci oldukça düşük, kendi merkezinde olmayan ortak yaratılış dünyasında yaşamaktadır.

İnsanların yaşamlarını otomatik pilota almış, düşüncelerinin, duygularının ve imgelemlerinin toplamı olan zihin ve bilinç frekansının yaratıcı gücünün etkilerinden habersizler. Bu otomatik pilot içinde içdünyalarının yansımasını yaşıyorlar. Kısmetsizlik, sürekli tekrarlayan maddi kayıplar, ilişkilerde tekrarlanan sorunlu senaryolar sayesinde aslında hiç istemedikleri koşulların içinde devam ediyorlar hayatlarına. Üstelik bundan şikâyet ediyorlar, değiştirmek istediklerini söylüyorlar, ancak büyük resimde bu son derece anlamsız görünüyor. Çünkü düşüncelerimiz, inançlarımız ve bilinçaltımızdaki programlamamızın gerçekliğimizi yaratan frekans olduğunun farkında değiliz. Evren, bizim inanmak düşünce neyse ona tam destek verir. Evren üzerinde yoğunlaştığımız inançlarımız, düşüncelerimiz nelerse, onları bize yansıtır, onun bir doğal yasası vardır ki buna TEKABÜL YASASI denir.

Birazdan size detaylıca bu yasayı açıklayacağım sevgili okurum. Evren, bizim inandığımız düşünce neyse ona tam destek verir. Ancak unutmayın ki evrenin pozitif veya negatif değerlendirmesi yoktur. Yani zihinsel düşünce alışkanlığımızın niteliğini asla sorgulamaz.

"Bu niye benim başıma geldi?" sorusu yerine, "Yaşadığım bu olayın gerçekleşmesini sağlayacak farkında olmadığım hangi düşünce yapısına, zihinsel alışkanlığa sahibim?" sorusu bize Kuantum Tezahür alanının bilinçli yöneticisi olmamıza imkân verir. Bu sorunun cevabı bize aslında tüm Kuantum Tezahür alanının kapılarını açar.

Bizler niyetlerimizi tezahür ettireceğimiz o sonsuz alanda kendimiz için böyle ilahi karşılaşmaları ve mucizevi tesadüfleri, tabii ki sonsuz bereket alanında yaratırız. Daha doğrusu zaten var olan bu frekansla uyumlanırız. Yüce Yaratıcı, Kutsal Ruh, Rab, Allah, Brahman, Tanrı, Kuantum Alan, ismine ne derseniz deyin, bu yaratılmış alanın içinde bizler kendi frekansımızla niyetimizin frekansını hizalarız. Frekansımız yükseldikçe, eski bilinç alanımızdan çıkarız. Eski bilinç alanımızdaki biz için harika olan bir ilişki şimdiki frekansımızın aynasında bize kendini uyuşmazlık olarak gösterir.

Böyle bir alanda, artık eski inanışlarınız, sizin için doğru olduğunu zannettiğiniz her neyse, en iyisi sandığınız araba, en doğru kişi sandığınız o çok beğendiğiniz kadın ya da erkek, çok istediğiniz ilişki modelini yozlaşmış inançlarınızla tanımladığınız müddetçe bozuk plağınızdaki kötü müzik çalıp duracaktır. Siz bir plağı daha atacaksınız, ancak pikabınızı ve pikabınızın iğnesini değiştirmek aklınıza gelmediği müddetçe plaklardan aynı ses çıkmaya devam eder. Pikap sizsiniz, iğne de inançlarınızdır.

Öncelikle iğneyi değiştirmelisiniz. İğne tezahür etmesini istediğiniz tüm niyetleriniz olsun. Daha çok para, huzurlu bir evlilik, işyerinizde başarı ve onay.

İğnenizin çaldığı şarkı, niyetiniz değil, inancınızdır. Bu da size ne istediğinizi değil, ne olduğunuzu çalıyor. Yani bilinçaltınızdaki başka bir tezahür alanında olmanızı sağlayan titreşim seviyeniz bu. İğneniz değiştirip yeni frekans boyutuna uyumladığınızda, plakta istediğiniz şarkının çaldığını göreceksiniz. Yani niyetinizle enerjetik uyumu sağlayacaksınız.

Sizinle uyumlu olan enerjileri çekme gücüne kavuşacaksınız. Mesele zevkleriniz ya da kiminle anlaşıp anlaşamayacağınız değildir. Mesele net bir şekilde tezahür ettirmek istediğiniz niyetinizin kuantum alanınıza hizalı olmasıdır.

Bu hizalanma gerçekleştiğinde, BUM! İkinci kuantum sıçraması!

Bundan sonra neler yaşayacağınızı söyleyeyim, niyetiniz karşınıza gelecek.

Evrenin Kuantum Tezahür mönüsünden siparişleriniz masanıza teslim edilecek. Aynen böyle.

Çok mu iddialı sözler bunlar? Ayşe de iyice uçtu. Kitabı satsın diye atıyor da atıyor diye mi düşündürüyor? Kusuruma bakmayın ama ben böyle yaşıyorum. Öğrencilerim ve çevremdeki insanlar gibi birer tezahür ustası olduğunuzda emin olun siz de tezahür ettirirken böyle görüneceksiniz.

TEZAHÜR NEDİR?

Tezahür ettirmek, gerçekleştirmek yani yüksek sesle söylemektir. Buna manifest ettirmek deniyor. Yani siz manifestonuzu okuyorsunuz aslında fark etmediniz mi?

Manifeste kelimesinden türetilmiş Latince kökenli manifesto, kurallar bütünü ve beyanname anlamına gelir. Kültürel ya da politik bir oluşumun kurallarının yazılı olduğu kurumsal kurallara da manifesto denir. Tezahür ettirmek manifestasyon Latince "manifestare" kelimesinden gelir ve esas olarak bir şeyi gerçeğe dönüştürmek anlamına gelir.

Burada çok önemli bir nokta daha var. Kelimenin kökü olan "manifestare" bir fiildir ve fiiller eylem ifade ederler. Tezahür cümlesinin kendisi bile eylem içerir. O halde bu sizin bir şeyi gerçeğe dönüştürdüğünüz, yeni gerçekliğinizi yarattığınız anlamına gelir.

Pek çok kişi bir şeyi tezahür ettirmek için niyetlerinin sadece var olduğunu düşünmelerinin ya da bir şeyi dilemelerinin ardından yeterince inanmaları gerektiğine inanır. Onlara göre niyetleri tezahür ettirmek budur, yani bu zihniyete göre bunları yapınca niyetinizi elde edersiniz.

En önemli bilgi, tezahür sihir değildir. Anlamı, tezahür hedeflerinizi belirlemeniz, sonra onlarla titreşimsel olarak hizalanmanız ve nihayetinde onları varlığa tezahür ettirmek için ilham verici eylemde bulunmanız gerektiğidir. Bunu bilinçaltınızın gücünden yararlanarak ve size göstereceğim belirli tezahür teknikleriyle yapacaksınız.

Yani bilinçli eylemlerinizle, eylem içeren bilinçli tezahür teknikleriyle.

Tezahür ettirmek, ama nasıl?

Daha önce farklı şekillerde denediğiniz pek çok tezahür tekniğinin niyetlerinizin tezahüründe neden işe yaramadığını bu bölümde anlatacağım. Şu anda çevrenizde tezahür ettirmekle ilgili bilgi, tavsiye, sistem ya da teknik paylaşanların çoğu umuda ya da şansa dayalı tezahürü öğretiyor size. Bunun öğrenilecek bir yanı da yok aslında, aşıladıkları şey eylemsizlik.

The Secret (Sır) filmiyle başlayan oldu, oldu, oldu söylemleri, evrene sipariş verme, iste-inan-al, dile-evrene sal-bekle-gelsin gibi ürünleri hepimiz duyduk. Bunlara "şansa, umut etmeye, dilemeye veya arzu etmeye dayalı tezahür teknikleri" diyoruz. Bu teknikler, kuantum fiziğinin bazı önemli bilgilerini alarak, diğer pek çok teknikle karıştırarak, özel deneyimleri de işin içine katarak bize tezahür ettirmenin bu olduğu konusunda yeni dogmalar yaratıyorlar. Yani paradigmalar yaratıyorlar.

Bu sebeple, çoğu insan tezahür ettirme sürecinin şöyle gerçekleştiğini sanıyor:

1. Arzu, istek, dilek, hedeflerinizi belirleyip evrenden istersiniz.
2. Arzunuzu elde edeceğinize kesin olarak inanırsınız.
3. Arzunuzu elde etmek için bazı tezahür araçlarını kullanırsınız.

4. Arzunuzun tezahür edeceğini umut eder ve evrenin size siparişinizi teslim etmesini beklersiniz.

Tamam biz bunu zaten senelerdir duyuyoruz, acaba bu sistemlerden faydalananlar var mı, süreklilik içeriyor mu, her niyetleri tezahür ediyor mu, bunu iddia eden kişilerin yaşamlarını bir takip edin derim. Unutmayın, eylem her zaman düşünceyi yener. İşte tüm bu ana akım tezahür ettirme tekniklerini savunanlara inanmak tezahür sürecini baltalar, neden mi?

Anlatmaya devam edeyim:

EVREN DIŞINIZDA DEĞİLDİR

Siz ve diğerleri zihinsel bir yaklaşımdır. Sol beyin odaklı insan, zihinsel yaşar, bu yaşamda da tekliğe mahkûmdur demiştim. Bizim dışımızda başka bir evren olduğu fikrine ya da inancına sahip olmak Newton fiziğine takılı kalmış eski bir zihnin inancıdır. Günümüzdeki evrimsel alanda sadece parçacık fiziğini değil, dalga fiziğinin gerçekliğini biliyorsak evrenin bizden başka bir şey olmadığını da biliriz. Şimdilerde fizikçiler, kayıp olan kütleyi açıklayabilmek için evrenin sadece yüzde 4'ünün atomik maddeden, yani bizim normal madde olarak kabul ettiğimiz maddeden oluştuğunu söylüyor. Evrenin yüzde 23'ü karanlık maddedir. Ve daha önceleri boş uzay olduğunu düşündüğümüz evrenin yüzde 73'ü ise karanlık enerjidir. Yüzde 4 görünen kütlesel alana, görülebildiği için gerçek diyen, bunun dışındaki her şeyle bağlantısı olmadığı için bu alanla iletişimi bilmeyen eski zihinlerin sınırlayıcı inançları nedir? Evrenden istemektir.

Bakın sevgili okurum, bu kitabı biraz da doğru bilinen yanlışları düzeltmek ve sizleri sınırlayan tüm tezahür sistemlerinden özgürleştirmek istediğim için de yazdım.

Misyonlarımdan biri, yaşayan tüm canlıların huzurlu, mutlu ve müreffeh bir yaşam sürmelerine rehberlik edebilmektir, tüm varlıkların zaten doğal yaşam hakları olan bereket enerjisine sonsuz ve dışarıya bağımlı tüm kaynaklardan bağımsız olarak bağlanmalarını sağlamaktır, bunu yaparken eğer bu kanalı kendi çıkarı için kötü kullanan, insanları yanlışa yönlendiren varsa sizi onlardan da korumaktır. Doğruyu bilip de söylememek olamaz. Hele bu bilgi sizlere çok faydalı olacakken yazık ki sizi kıtlıkta ve sefalette tutacaksa, hiç susulmaz. Yanlış bilgiyi düzeltmek ya da söylenmeyeni söylemek hakikati söylemektir. Kimseyi küçümsemek, yaptığı işle dalga geçmek değildir amacım. Ancak yanlışı da düzeltmeliyiz, birbirimize karşı sorumluluklarımız var. Benim size karşı sorumluluğum var, çünkü yaratılmış tüm varlıkları tüm kalbimle seviyorum. Sizi seviyorum. Kendi hakikatim, koşulsuz sevgiyi dünyayla paylaşmak, yardım etmek, yol göstermek ve rehberlik etmektir, buna sadık kalacağım diye yemin ettim.

Sevgili okurum, sizler evrenin sizden başka bir şey olmadığını anladığınızda, sonsuz tezahür sistemlerine kavuşacaksınız. Evren aslında sizsiniz. Evrenin sizin dışınızda başka bir şey olduğu eski bir paradigmadır. Evrenin yüzde 4 ölçülebilen kütlesel alanına (*bu alana dünya gerçekliği diyelim*), sizin bilinçli zihniniz bu maddesel alanın dalga sinyallerine uyumludur. Zihin üç boyut algısı içindedir. Üç boyut, en. boy, derinliktir. Ancak, insan zihni Albert Einstein'ın da dediği gibi zaman algısıyla algısal olarak dördüncü boyutta yaşayan üçboyutlu bir varlıktır. Zihin boyutunda insan, dünya dediği hakikati deneyimleriyle, ona söylenenlerle, inandıklarıyla şekillenmiş, lineer bir zaman çizgisi üzerinde geçmiş ve gelecek kaygısıyla hatta takıntısıyla yaşayan bir varlıktır. İnsan, kendi zihninde yaşayan ve zihninin gösterdiklerini deneyimleyen, buna da gerçek diyen bir varlıktır. Zihin bir bellektir ve kayıtlı tuttuğu şeyleri algılayabilir. Zihinsel yaşamda size tanımlanmış kavramlarla ilerlersiniz. Bu sebeple bir şeyi hayal etmek istediğinizde gözlerinizi kapatırsınız. İnsan gözleriyle görür, mü acaba?

Göz, zihnin bilmediği bir şeyi görmeyi reddeder. Kitabın başında verdiğim örnekleri hatırlayın. Geçen yüzyılın başında icat olan sinema kamerasıyla ilk kez tanışan insanların filmde gördükleri lokomotifin altında kalma korkusuyla panik içinde salondan kaçtıklarını anlatmıştım. Hayatlarında ilk kez fotoğraf çektiren Eskimoların kendi yüzlerini fotoğrafta görmediklerini, sadece gri ve siyah lekeler gördüklerini söylemiştim. İlkel yabaniler oldukları için değil, bilmedikleri ve tahayyül edemedikleri için gördükleri şeyi algılayamadılar. Zihinleri algılayamadığı bir dünyanın varlığını inkâr mı ediyordu dersiniz, yoksa daha fazlası mı var?

İnandığım gerçeğimdir diyorum. Görmediğim hiçbir şeyi tahayyül edemem. Ya da daha net olarak, zihinsel alanda bana kodlanmamış hiçbir görüntü, hiçbir deneyim benim alanıma gelemez. Yaşamınızın çoğunu farkında olmadan yöneten aslında sizin bilinçaltınızdır. Bilinçaltınız arzularınızı başarılı bir şekilde tezahür ettirmenin ya da en kötü kâbuslarınızı size sürekli yaşatmanın anahtarıdır.

Farkında olmadığınız demiştim, biz bilinçaltımızı fark etmekle, burada saklananları ışığa çıkarıp düzenlediğimizde, organize ettiğimizde, temizlediğimizde yepyeni bir alan açılır bize. Bu alan pozitif yüklü ve negatif yüklü proton ve elektronların fotonik ses frekansıdır. Kafanız karışmasın, ama böyle.

Düşüncelerimizin, duygumuzun, hissimizin, inancımızın da frekansı varsa, bu alanda, bilinçaltımızı temizlemek ve düzenlemekle çalıştıkça (*atom altı seviyedeki bu terimi bilinçaltı ile değiştirelim)* tüm evrenimizi değiştirmekteyiz. Zihnin neden-sonuç odaklı inatçı cehaletinden özgürleşince, kocaman bir alana açılmaz mıyız? İşte bu alan, evrendir.

"Bu rüyaya benzer.
Uykuya daldın mı kendinden geçer,
fakat yine kendinden kendine gelmiş
olursun. Kendini duyar, dinler de
senden başka gizli bir adam rüyada
sana söz söylüyor sanırsın.
A güzelim yoldaşım, sen alelade
tek bir adam değilsin ki.
Sen bir âlemsin, sen bir derin denizsin.
O senin muazzam varlığın yok mu?
O belki dokuz yüz kattır.
O, dibi, kıyısı bulunmayan bir denizdir,
yüzlerce âlem, o denize dalar gark olup
gider. Zaten burası ne uyanıklık yeri, ne
uyku yeri. Buradan bahsetme,
Allah, doğrusunu daha iyi bilir."

– Mevlana Celalettin Rumi, Beyit No. 1300

Bilinçli ve eyleme dayalı tezahür farklıdır. Umuda dayalı tezahür söz konusu olduğunda ve "sadece yeterince inanmaya" odaklanıldığında, bir sorun daha yaşanır. **Bir dileğin gerçekleşmesinde, bir arzuya sahip olmakta, sadece inanmaktan, olumlamaları milyonlarca kez söylemekten, bir vizyon panosuna birkaç resim yapıştırmaktan çok daha güçlü bir mesaja ihtiyaç vardır. Bu sığ sistemlerdeki tek sorun bu değildir.**

ŞANS MI TEZAHÜR ETTİRMEK Mİ?

Bir arzuyu, dileği elde etmeyi ummak tezahür ettirmekle aynı şey değildir. Genel olarak şansa, dileğe veya umuda bağlı tezahür sistemlerinde genelde inanmanın yeterli olduğu aşılanır, eyleme lüzum yoktur.

Para Tezahürü

Her sene 14 Mayıs'ta ve 21 Aralık'ta yüzlerce insanla aynı anda online Niyet Tablosu çalışması yaparım. Birlikte niyet tablosunu oluştururken öğrencilerimle sohbet ederim. Bir gruptaki öğrencim, çok travmatik bir çocukluk, gençlik ve evlilik geçirmiş bekâr bir anneydi. Hayatındaki temel inancı dua etmek ve Allah'tan dilemekti. Bu durumda olmasının Allah'ın dileği olduğuna inanıyordu. Gelecek vizyonunu ifade etmesini istediğimde çok zorlandı, yüksek sesle gelecek vizyonunu söylememekte inat etti. Ben onun adına yüksek sesle bu olumlu gelecek vizyonu söylediğimdeyse, umarım, dilerim ya da inşallah dedi. İşte bu öğrencimin zihinsel olarak limitleyici inancını kendisinin fark etmesini sağladık adım adım. Evren elbette yüce yaratıcının yaratımıdır, bizler bu yaratım alanı içinde her şeyle titreşimsel iletişim halindeki dalga ve parça formundaki enerjiyiz.

Bu enerji seçimini biz yaparız. Duygular, inançlar gerçekliğimizi yaratır. Allah sonsuz seçim alanını bize sunar, ki sunabileceği tek şey sadece bolluktur, berekettir, sevgidir. Bunu asla ama asla unutmayın. Sefalet, acı, yokluk, acı ve korku, dünya boyutunda bir alandır. Bu alanı yaşadığınızda, Allah'ın sunduğuna inanıyorsunuz, haklısınız ama sadece yüzde 4'tür. Siz minicik bir alandaki yaşamınıza bakarak, tüm yaşamın bu olduğu yanılgısı içindesiniz. Bu alanın dışında bereketin, şifa, sevgi ve refahın olduğu alan yüzde 96'dır. Biz o alanla uyumlanarak sonsuz bolluğun içinde var olabiliriz. Sadece dileklere güvenmeye devam ederseniz, bir gün uyandığınızda hayallerinizin çoğunu kaçırdığınızı fark edebilirsiniz.

İşte bu yüzden Instagram, Youtube ve TikTok trendlerinden, sizin de önünüze düşen, "Şöyle tezahür ettirdim, böyle mum yaktım, şu kadar mantra tekrarladım" ipuçlarına ve yöntemlerine karşı dikkatli olmalısınız. Kaldı ki paylaştıkları orijinal sistemlerin hiçbiri asla böyle değil, insanları kandırmak ve bu şekilde kazanç sağlamaya çalışan keşfette karşınıza düşen Instagram reels'lerindeki süslü genç kızlar elbette bu sistemi kendi yaşlarının gereği toy bir şekilde paylaşıyorlar, kafaları karıştıran da bu.

Bir Instagram fenomeni sayfasında, bir bahçe duvarı dibinde yere düşmüş içinden paralar çıkan bir cüzdanın fotosunu paylaşmış, büyük harflerle zenginlik manifest ettir, diye paylaşıyordu. Bir de İngilizceden çevirerek Türkçeye geçirmeye çalıştıkları manifest ettirmek terimleri her yerden saçılmıyor mu, aman ya Rabbim. Yerde bulunmuş para dolu bir cüzdan mıdır manifest ettirdiğin?

Bu nasıl bir zihin yapısı, nasıl bir ahlaksız yaşam tarzı ki, bir insanın düşürdüğü cüzdanı bularak zengin olabileceğini iddia ediyor. Gerçek hayatta biz bu kişiye hırsız diyoruz. Bir insanın kaybettiği paranın onun hayatındaki önemini bile bilmiyoruz. Sen gelmişsin, cüzdanı bulduğunu utanmadan sosyal medyada paylaşıyorsan, ben bir hırsızım, sahip olmayı hak etmediğim paralara el koydum, zenginim diyorsan, buna inanan kitle de hırsız oluyor. Sert ifade etmiş olabilirim ama durum böyle.

Kuantum bir ayna gibidir sevgili okurum, enerji asla yalan söylemez. Hırsız enerjisindeysen, hiçbir şeye emeğinle sahip olmama mesajını verirsin ve yansıma yasası elbette senin için de çalışacaktır. Sana ait olmayan, senden her an çalınacaktır. Kuantum fiziğinin temel yasalarından biri, atom altı dünyadaki bir olayın, gözlemleme veya ölçme eylemi onu dondurana veya tek bir duruma sabitleyene kadar tüm olası durumlarda var olduğunu söyler. Bu yüzden Instagram, Youtube ve TikTok'ta birdenbire bir tezahür koçu ve gurusu haline gelen bu kişilere şüpheyle bakın, yaşamlarını nasıl yaşıyorlar?

Mevlana Hazretleri'nin de dediği gibi: "Ya olduğun gibi görün ya göründüğün gibi ol."

Siz bu insanlarda bir oluş hali, bir ustalık görüyor musunuz? Moda diye insanlara "Bu ritüeli yaparak, 24 saat içinde hayalini kurduğunuz her şeyi tezahür ettirin" gibi büyük ve iddialı tezahür ettirme hilelerini takipçileriyle cömertçe paylaşıyorlar. Instagram'da aldıkları beğeni oranları arttıkça bunun verdiği güvenle son seminerlerine öğrenci kabul ediyorlar.

Şimdi bu ağa düşen birinin hikâyesini anlatacağım size. Hikâyedeki ismi Ümit (*ne de olsa ümit ediyor*) olsun. Ümit Hanım, mucizevi tezahür ettirme hikâyesini sizinle paylaşmak istiyor. Ümit Hanım bu teknikle hayalindeki daireyi tezahür ettirmiş. Fotoğrafını da paylaşmış, Instagram sayfasındaki videoya bakınca evi gerçekten muhteşem görünüyor. Muhteşem bir şey daha var ki bizlerle tezahür sistemini de paylaşıyor.

Diyor ki: "Ben zenginim olumlamasını 55×5 yöntemiyle birlikte kullandım." (*Bu tekniği kitabımın üçüncü bölümünde bulabilirsiniz.*)

55×5 tekniği beş gün boyunca üst üste dileğin 55 kez yazıldığı, sonra mucizevi, sihirli bir şekilde dileğin tezahür edeceğini iddia eden bir tezahür yöntemidir. Ben de bazı tezahür sürelerinde danışanlarıma kullanmaları için veririm. Ama elbette Ümit Hanım'ın bu tekniği nasıl kullandığını bilmiyoruz. Tabii ki Ümit Hanım adına çok mutluyuz, biz de aynı şekilde tezahür ettirmek istiyoruz. Aynı adımlardan gidiyoruz. Aynı şeyleri, aynı inançla yapıyoruz. Ama bizde bu sonuç olmuyor, niye olmuyor? Çünkü Ümit Hanım bu sürece gelmeden önce farkında olmadan hayalindeki daireyle çoktan uyum sağlamıştı. Belki de önceden kendisinin enerji alanı bu dairenin tezahürüne hizalanmıştı, limitleyici inançları, duygusal blokajları üzerinde çok çalışmıştı. Farkında olalım, olmayalım (*bu kitabı okuduktan sonra farkında olarak elbette*) hepimiz yedi gün, yirmi dört saat tezahür sürecindeyiz. Çünkü bilinçaltımız her zaman arka planda çalışır. Biz istesek de istemesek de.

Ümit Hanım'ın hikâyesindeki hiçbir şey hayalinizdeki daireyi ya da şu anda vizyon panonuzda hangi büyük hayaliniz varsa onu gerçekleştirmenize yardımcı olmayacak...

Dilek, Şans, Umut Temelli Tezahürle İlgili İki Büyük Sorun

Ümit Hanım bir kâğıda yazdığı 398 olumlamanın hayalindeki dairenin ortaya çıkmasına neden olduğuna inanıyor ve muhtemelen bunun bir gecede olduğunu sanıyordu. Bu sonuç onu çok mutlu etti, bu yüzden hikâyesini tüm dünyayla paylaşmak istemesi kadar doğal bir şey yoktu, bu sebeple onu suçlamıyoruz ama Ümit Hanım iki noktayı gözden kaçırıyordu.

Tezahür ettirmekte kullandığımız araçlar tezahür sürecinin tümü için yeterli değildir. Tezahürlerinizi hızlandırmak için olumlamalar kullanmakta kesinlikle yanlış bir şey yok biz de kullanacağız. Ancak eyleme dayalı tezahür tekniklerimizin altına, niyetimizi koyarak, neyi tezahür ettireceğimizin bilinciyle olumlamaları kullanacağız. Hepsini kitabın üçüncü bölümünde bulacaksınız.

Şimdi gelelim, olumlamalara belli bir sayı koyma meselesine. 1298 kere, 398 kere gibi olumlamaların ardında numeroloji varsa, bilinçle yapılabilir. Daha önce de dediğim gibi, niyet tabloları, olumlamalar, teknikler, mantralar araçlardır.

Araçları göklere çıkarıyorlar ve adına mucize diyorlar. Doğrudur, çünkü inançları limitli. Peki neye inanıyorlar? Evrenin kendileri dışında bir şey olduğuna inanıyorlar.

Sahip olmak istediklerinin gerçekleşmesi sürecinde kendi etkilerinin farkında olmamaları, yaşamak istedikleri gerçekliği derinlerinde hak etmedikleri inancına sahip olmaları gerekiyor.

Tezahür için hâkim enerjide olmak gerekiyor. Bu sebeple, yol kenarında bulunan cüzdanlarla zengin olduğuna sevinen, 3498 kere olumlama okuyarak oturup bekleyen, dileyerek hayat eşlerine sahip olacağına inananlar var. Onlar şans eseri yaşayanlardır ki yaşamak şansa bırakılmayacak kadar kıymetlidir. Ayrıca hepimiz kıymetliyizdir. Bütün bu teknikleri sizlerle paylaşanların yaşamlarında, zihin ve bilinçaltı alanlarındaki derin değersizlik duygusunu, riyayı, sahtekârlığı, kolaycılığı görmenizi isterim. Evrende her şey enerjidir. Hiçbir şey kıymetsiz değildir. Her şey yüce bir zekânın eseridir. Varoluş kıymetlidir, erdem ahlaklıdır. Kuantum alan, iyi kötü ayırt etmez demiştim, sizin tezahür ettirme sürecinizdedir ama karma yasalarını da asla çiğnemez. Bu sebeple şanslı değil, hazır olmakla ilgilenirim ben. Çünkü hazır olduğumda, zaten KISMETLİ olurum.

ŞANS SADECE HAZIR OLANA GELİR. Tezahür ettirmekte kullandığınız şeyler sadece araçtır, hiçbirini gerçek tezahür süreciyle karıştırmayın. Araçlar, süreçteki yardımcılardır sadece. Bazıları bilinçaltınızda derinlemesine çalışır. Niyet tabloları, niyet günlükleri tutmayı, rehberli meditasyonları ve onaylamaları kullanacağız elbette, hepsi harika tezahür araçlarıdır. Bu güçlü tezahür araçlarını gerektiği şekilde kullanabilmeniz için ayrıca bir *Manifest Günlüğü* de hazırladım.

Ümit Hanım'ınki gibi örnekler her zaman rağbet görür, tezahürü çok kolaymış gibi gösterirler ve çok iyi satarlar. Olaya kaçmak isteyenler birkaç gün boyunca niyetlerine ait olumlamaları okuyarak, tüm hayallerinin sihirli bir şekilde gökten düşeceğine inanan bir kitleyi kendilerine inandıracaklardır. Bu kitlenin yaşamına baktığımızda, bilinç alanlarının yansımasını yaşadıklarını görürüz. Şansa yaşarlar. Kuantum Tezahür ustalığı şansla, kumarla veya dilencilikle ilgilenmez dostlar.

Kişiye Özel Dikilmemiş Elbise Vücuda Tam Oturmaz

Dediğim gibi, umut ve şans tekrarlanabilir değildir. Dolayısıyla bu bir teknik değildir, başkalarına öğretebileceğiniz hiçbir şey yoktur. Katıldığınız sertifika programı bu sistem üzerineyse paranızı geri istemeniz için en doğru zamandır. Ümit Hanım, hayalindeki daireden daha büyük ve iki kat pahalı bir daireye geçmek isterse ne olacak? Daireyi tezahür ettiremeyeceği belli.

Çünkü Ümit Hanım bu tezahürü gerçekleştiremeyeceğinden fazlasıyla emindi. Bilinçaltı inançlarını, (*zenginliğe ve berekete ait duygusal blokajları da dahil)* hayalinin titreşim düzeyiyle hizalaması gerekecekti. Ama bunun nasıl yapıldığını bilmediği için, ilk kez tezahür ettirdiği daire için işe yarayan teknik, daha büyük ve daha pahalı bir daire söz konusu olduğunda de işe yarayacak mıydı?

Ümit Hanım'ın tezahür sürecinde yaptıkları bir defalığına işe yaramış olabilir, umarız kalıcı tezahür tekniklerini öğrenerek yaşamında niyet ettiği her alanda bilinçli eylemleriyle bir tezahür ustası olur. Ümit Hanım'da bir kez işe yaramış olan bu tezahürün sizde de işe yarayacağını söyleyemeyiz. Çünkü herkes parmak izi gibi birbirinden farklıdır, dolayısıyla kendinize özel, kendinize özgü bir tezahür sürecine ihtiyacınız var.

Sevgili okurum, 2001'den beri tezahür ettirmekle ilgili çalışıyorum ben. Önceleri bunun üzerine çalışmıyordum tabii ki çünkü farkında değildim. Bir şeyler diliyordum, tesadüfen dileklerim gerçekleşiyordu ve diledim oldu işte diye yorumluyordum. Elbette bakış açımın, dileklerimin kalitesinin farkındaydım, ama bir türlü bilinçli bir tezahür geliştirememiştim. Sürekli olarak yanlış büyüler yapan Harry Potter gibi düşünün beni. Para dolu bir kasa istesem de altı delik bir cüzdan geliyordu mesela. Bilinçli tezahür ettirmeyle ilgilenmem gerektiğini anlamam zamanımı aldı. Tezahür, sizin kendi titreşim kalitenize bağlı olarak çalışır, sizin duygusal blokajlarınız ve inançlarınızla ateşlenir, size özel varış noktasıdır, sizin hedeflerinize ve değerlerinize bağlı olarak çalışır.

Evren sizin evreninizdir, titreşim seviyeniz ve enerjiniz de deneyimlerinizi size getirir. Hepimiz biricik, eşsiz ve özeliz. Üzerinize göre dikilmiş bir giysi mükemmelliğinde tezahürü hak ettiğinizi bilmeniz gerekir. Size has, size özel niyetinizi, bilinçaltı düzeyinizde hizaladığınızda onu yaşamınızda tezahür ettireceksiniz. Hah! Ben herkesin aldığı hazırgiyim sitesinden, hızlı, çabuk, ucuz bir ürünle de memnun olurum diyebilirsiniz tabii ki, seçim sizin. Ne demiştim, Kuantum Tezahür alanı size hizalıdır.

Materyaliniz, kumaşınız neyse, zihniniz hangisinin iyi, güzel ve yeterli olduğuna inanmış**sa bu sizin gerçeğiniz olacaktır**. Deneyimlerimiz gerçekliğimizdir. Diyelim ki bir villa tezahür ettirmek istiyorsunuz, bunun tezahürü bile hepimizde farklıdır biliyor musunuz? İşin en temeli temizliğe dayanır. Tezahür sürecinin yolundaki tüm taşları temizlemeliyiz, bilinçaltı derin temizliği size bunu sağlayacaktır.

PARA TEZAHÜRÜ BİLİNÇALTI DERİN TEMİZLİĞİ

-Sınırlayıcı Duyguları Temizleme Rehberli Meditasyon-

Sınırlayıcı duygularımızın farkında olmazsak kuantum alanında eyleme dayalı, bilinçli bir tezahür gerçekleştiremeyiz. Bu iş canınızı sıkıyorsa, üşeniyorsanız bilin ki üzerinize düşeni yapmayıp, temizliği sağlamazsanız tezahür sürecinizde niyetiniz her neyse, genelde bilinçaltınızdaki kokuşmuş inançların tezahürünü yaşayacaksınızdır. Parayla, aileyle, sevgiyle, kadınla, erkekle, seksle, başarıyla ilgili halletmediğiniz duygularınız, sırtınızda taşıdığınız çöpler gibi her yerde sizinle olacaktır, kokularını da girdiğiniz her yere taşıyacaksınızdır. İstediğiniz parfümü kullanın, o koku gitmez. Üzerinize düşen, yaşamınızın sorumluluğunu almak için gönüllü olarak, KENDİ GELİŞİMİNİZLE İLGİLENMEKTİR. Bunu sizin için başka kimse yapmayacaktır, yapamaz da. Beni tüm bu süreçte, sizinle olan, sizin geçtiğiniz tüm yollardan, başarısızlıklardan, tembelliklerden, çokbilmişliklerden, acıyı görmezden gelme süreçlerinden geçmiş ve nihayet idrak ederek, çarkı kendine çevirmiş bir yol arkadaşınız olarak görün. Üzerine de profesyonel danışmanlık deneyimlerimi koyarak Kuantum Tezahürü yolunda sizinle devam ediyorum yola. İlk adımı atın yeter, evren size on adım atacaktır. Şimdi vereceğim çalışmayı kulaklık takarak, rahatsız edilmeyeceğiniz bir yer ve zaman diliminde yapın lütfen.

Hoş geldiniz.

Uygulamayı yapmak için en ideal süre 21 gün boyunca her gün aralıksız yapmaktır. Sonrasında bu kitapla birlikte tutmaya başladığınız *Manifest Günlüğü*'ne bütün düşüncelerinizi ve duygularınızı yazmaya devem etmeniz de çok önemli, atlamayın. Bu süreç sadece sizinle ilgilidir.

Unutmayın! Niyetlerinizin tezahürünün anahtarı sizin elinizde, tezahür ettirmek istediğiniz yaşamınıza doğru ilerlemek için yolunuzu tıkayan duyguların yarattığı toksik taşları temizlemelisiniz. Bunu da ancak bütün bu duyguları hissetmeye izin vererek, onları saklandıkları yerden nazikçe çıkararak, sonra da nötr hale gelecekleri şekilde derin temizleyerek sağlayabilirsiniz. Bu derin temizlik, niyetinizin fiziksel tezahürüyle derin bağlantı kurmanızı sağlayacak, tezahür sürecinizi de hızlandıracaktır. Bu sürece girdiğiniz andan itibaren, düşündükleriniz veya aklınıza gelenlerin sihirli bir şekilde yaşamınızın bir yerinde o saat içinde, o gün içinde karşınıza geldiğini göreceksiniz. Sihirli tesadüfler, büyülü karşılaşmalar o kadar çok artacak ki siz de artık NELER OLUYOR diyeceksiniz. Kuantum fiziği, sinirbilimi, psikiyatri, kozmoloji ve buna bağlı olan tüm sistemler, senelerdir içinden çıkamıyor bu sorunun. Neler olduğunu ben size biraz anlatmaya çalışayım. Bilim dünyası, şu soruları da soruyor:

Madde ve zihin arasındaki ilişkiye ne yol açıyor? Hissettiğim bir olay, düşündüğüm kişi nasıl oluyor da karşıma geliyor? Bu nedir?

Carl Gustav Jung, kolektif bilinçaltı kavramını geliştiren psikologlardan biridir. Kolektif bilinçaltı, bir bireyin kişisel bilinçaltıyla değil, tüm insanların ortak bilinçaltı havuzuyla bağlantılı olduğu düşüncesine dayanır. Jung, kolektif bilinçaltını "insanların ortak deneyimlerinde, arketiplerde, efsanelerde ve mitlerde ortaya çıkan evrensel semboller ve motifler" olarak tanımlamıştır. Jung, kolektif bilinçaltının bireyin psikolojisindeki etkilerini de incelemiştir. Ona göre, bireyin yaşadığı deneyimler, kolektif bilinçaltındaki sembollerle bağlantılıdır ve kişisel bilinçaltına sızabilirler. Bu nedenle, bazı semboller ve motifler, birden fazla kişinin rüyalarında veya hayatlarındaki deneyimlerinde ortaya çıkabilir. Kolektif bilinçaltının insanların psikolojik gelişiminde önemli bir rol oynadığını düşünen Jung'a göre, bireylerin kendi kişisel bilinçaltıyla çalışması, kolektif bilinçaltındaki sembollerin anlamını ve etkisini daha iyi anlamalarına yardımcıdır.

Kolektif bilinçaltı kavramı, Jung'un eşzamanlılık kavramıyla da ilişkilidir. Jung, eşzamanlılık olaylarının kolektif bilinçaltındaki sembollerle bağlantılı olduğunu düşünmüştür. Bu olaylar, bireylerin kişisel deneyimleri ve kolektif bilinçaltındaki sembollerin bir araya gelmesiyle ortaya çıkabilirler.

Kuantum yeni ruhsallıktır diye hep söylerim. Sebebi, kadim Doğu felsefelerindeki ruh kavramının, kuantum mekaniğindeki karşılığının aynı olmasındandır. Son zamanlarda yazılmış harika bir kitap, *Eşzamanlılık: Madde ve Zihin Arasındaki Köprü*, bize Batı yani kuantum fiziği ile Doğu'nun eşzamanlılık üzerine karşılaştırmasını mükemmel bir şekilde özetlemekte.

Jung'un kendisinin de yaşadığı birçok eşzamanlılık deneyimi de kitaba eklenmiştir. Bunlardan biri 1951 yılında, Jung'un arkadaşı olan ve Nobel ödülü sahibi fizikçi Wolfgang Pauli, Jung'a bir rüyasını anlatır. Pauli, rüyasında kendisinin bir Antik

Yunan tapınağında olduğunu ve bir taşa dokunduğunu görür. Daha sonra gerçek hayatta, Pauli, Jung'a tapınağı çizdiği bir kâğıdı verir. Jung, kâğıdı incelediğinde, Pauli'nin çizdiği tapınağın tam da rüyasında gördüğü tapınak olduğunu fark eder. Bu durum, Jung ve Pauli arasındaki yakın arkadaşlığın da pekişmesine yardımcı olur.

Bu olaylar, Jung'un Eşzamanlılık-Synchronicity kavramını ortaya atmasına neden olmuş ve bu kavramın daha sonra kuantum fiziği ve psikoloji arasındaki ilişkiyi inceleyen araştırmalara ilham kaynağı olmuştur. Eşzamanlılık, eyleme dayalı bilinçli Kuantum Tezahür ustalığında sıkça kullandığımız bir temeldir sevgili okurum.

Konunun başında sorduğumuz soruların cevabı, eşzamanlılık kavramıyla anlaşılabilir mi? Kuantum fiziği ve psikoloji arasındaki köprü olarak eşzamanlılık kavramı kullanılabilir mi?

2001'deki tesadüfi tezahür eylemlerimin ardından, sonsuz bilme yolum beni kuantum fiziğine getirdi. Evrenin örüntüsel yapısını anladığım Michel Tablot'un meşhur kitabı *Holografik Evren*'de de bahsedildiği üzere: "İnsan bilinci, dünyanın modelini yaratıp geleceği simüle etmek için geçmişi değerlendirerek zamanda simülasyonunu yapan özel bir bilinç formudur. Bu bilinç formu özel çalışmalarla güçlendirilerek kuantum fiziğinde açıklanan bazı fenomenler de deneyimlenebilir."

Bu satırları okumamla Kuantum Tezahür sistemime ait bazı şeyler netleşti. Umuda, şansa, dileğe bağlı tezahür teknikleriyle şans eseri bu alanlara bilinçsizce değerek bazı sonuçlar elde ediyordum. Ancak bu alanda bilinçli bir teknik, sistem veya uzmanlığa sahip olmadığım için tezahür deneyimini sürekli, kalıcı ve kendi kontrolüm altına geçiremiyordum. Deneyimlerim ve çalışmalarım beni eyleme dayalı, bilinçli Kuantum Tezahürü alanında ilerletti. Şimdi elinizdeki bu kitapta kontrollü ve eyleme dayalı tezahürün bilimsel, derinlikli, denenmiş ve başarı kazanmış tekniklerini teoride öğrenerek ve pratikte de deneyimleyerek ustalaşıyoruz.

> *"Sen evrende değilsin, sen evrensin, onun içsel bir parçasısın. Nihayetinde siz bir insan değilsiniz, evrenin kendisinin bilincine vardığı bir odak noktasısınız. Ne inanılmaz bir mucize."*
>
> – Eckhart Tolle

Eşzamanlılık nedir?

Eşzamanlılık, evrenin size tezahürünüzün yolda olduğunu gösteren bir işareti gibidir. Gerçekte ise, bilinçaltınızın odaklandığınız şeye bir yanıt olarak filtrelediği şeydir. Bu kavram ilk olarak İsviçreli psikolog Carl Gustav Jung tarafından ortaya atılmıştır. Jung eşzamanlılığı, nedensel bir ilişkiyle birbirine bağlı olmayan ancak birbiriyle bağlantılı, ilişkili olarak algılanan ve yorumlanan zamansal olarak ilişkili olaylar şeklinde tanımlamıştır. Yani bu, içsel bir olay (örneğin, vizyonunuz, rüyanız veya duygularınız) ve içsel durumun bir yansıması olarak tezahür eden dışsal bir olay olduğu anlamına gelir. Tezahür sürecinde, hayatımızdaki her şeyin enerji olduğu ve bu enerjinin birbiriyle bağlantılı olduğu gerçeğine eşzamanlılık diyoruz. Neye konsantre olursak onu çekeriz. Size eşzamanlılığın gerçek hayatta nasıl ortaya çıkabileceğine dair bir örnek vereyim.

İlk arabamın üzerine Mini Cooper kullanmak istediğimi fark ettim. O zamanlar klasik bir İngiliz arabası olan Mini, firma değiştirmiş ve pazara yeni girmişti. O dönem oyunculuk yapıyordum, ancak aileme destek verdiğim için böyle bir araba almam zordu. Arabanın duruşunu, özelliklerini ve motor sesini öğrendim. Öncesinde de arabalara ilgi duyardım fakat Mini'yi görünce resmen âşık oldum. Sene 2001. Bu arada niyet tabloları ve tezahür üzerine çalışmaya başlamıştım. Benim için o zamanın şartlarında sahip olmam imkânsız gibi görünen bu arabaya niyet ve vizyon yüklemesi yapmaya başladım. Enerji alanımda bu arabayı sipariş ettim. Çevremdeki insanlarda, caddelerde, her yerde Mini'ler görmeye başladım. Elbette bilincimizin ne kadar güçlü olduğunu buradan anlarsınız. Algım artık bu alandaydı, yani enerjim Mini'nin üzerindeydi. Algıda seçicilik diye psikolojide tarif edilen bu etki aslında kuantum dinamiklerinin temeli olan "gözlemci" etkisinden başka bir şey değildi. İlgi, algı, dikkat ve enerji nerdeyse gerçeklik orada o şekilde tezahür oluyordu. İstanbul'un sokakları Mini doluydu, benim mahallemde, apartmanımın önünde park etmiş Mini'ler vardı. Sonrasında ne oldu, çok yakın arkadaşım Mini aldı. Bu araçla seyir yaptım, vizyonum ve niyet yüklemem güçlendi. Arkadaşlarım şaşkınlık içinde biraz da bu konuyu şakayla karıştırarak cadılık yeteneklerimi başka alanlarda da geliştirmem gerektiğini söylüyorlardı çünkü altı ay sonra, kolaylıkla ilk Mini Cooper'ımı aldım.

Bu hikâyemi kuantum fenomenlerinden biri olan eşzamanlılığı anlatmak için paylaştım sizinle. Kafamda belirli bir araç tanımı olsaydı, ne tür bir araba olduğunu bilseydim, aktif olarak bir araba satıcısı arardım. O zaman bu eşzamanlılık olmazdı. Ama benim durumumda, "KUANTUM ALAN" beni oraya yönlendirdi ve haftalar önce mahallemde dolaşan tüm Mini'ler aracılığıyla bana birçok işaret verdi. Gerçek şu ki, bu aslında evrenin bir işareti değil. Kuantumda her şey bir, her an enerjimizle her şeyi etkileyen ve yöneten, her şeyin içimizin derinliklerinde gerçekleştiğinin bir kanıtı bu. Bu araçlar ben onların farkına varmaya başlamadan önce de çevremde dolaşıyorlardı. Ama ben niyet ve vizyon yüklememi bu arabanın üzerine koymamıştım.

Yani temel olarak, eşzamanlılık bilinçaltımızdan "yaratılan" bir gerçekliktir. Bilinçaltı zihnimiz her gün sayısız bilgiyi filtrelemek zorundadır ve bize yalnızca bizimle ilgili olduğunu düşündüğü şeyleri gösterir. Bir şeyi kendimize çekmek istediğimizde ve bu hedefe konsantre olmaya başladığımızda, elbette bilinçaltımız bu hedefle eşleşen her şeyi filtreler. Hayatımda neye ihtiyacım varsa, bu ihtiyacımın gerçekleşmesi için gereken hizalanma, eşzamanlılığın temelidir. Dünyada algıladığımız zaman üçboyutlu zamandır. Lineer zaman olarak geçer, düz bir çizgi üzerinde geçmiş ve gelecek zamandır. Ancak kuantum alanda zaman holotropik ve hologramiktir. Yani iç içe ve küreseldir. İlerisi-gerisi, öncesi-sonrası olmayan bir zamansal boyuttur. Sizler bu alanın içinde her şeyin zaten sadece tek anda var olduğunu anladığınızda BUM! Başka bir kuantum bilinç sıçraması daha geldi.

"Kozmos içimizdedir. Biz yıldızlardan yapılmışız. Biz evrenin kendisini tanımasının bir yoluyuz. Evrenle ilgili şaşırtıcı olan her şey senin içinde. Ve ikisi birbirinden ayrılamaz."

– Carl Sagan

Zaman bükücüler, kuantum alan değiştiriciler buraya!

Gelecekte tüm bu işaretleri fark etmeye başlayacaksınız. Kuantum Tezahürü ustası olarak ihtiyaçlarınızın zaten alanı şekillendirdiğini, alanınıza işaretlerle, sembollerle, tesadüfi karşılaşmalarla geldiğini bildiğinizde, bu işaretlerle yaşadığınız her karşılaşmadan sonra şükranla doluyorsunuz. Bu gerçekten de hayalinizin tezahür ettiğine dair bir işarettir. Bu işaretler size belirli bir şey yapmanız gerektiği hissini veriyorsa, o zaman yapın. O halde hayalinizin gerçekleşmesi için muhtemelen tam olarak o eylemi gerçekleştirmeniz gerekiyordur. İlham verici eylem de tam olarak budur. İlham verici eylemlerin temeli Kuantum Tezahür ustalığından geçer.

Planı olmayan bir niyet sadece bir dilektir. Hayal ederek niyet ettiğiniz şeyden yüzde yüz memnun olduğunuzda, bir sonraki aşamaya, yani gerçek eylem planına geçme zamanı gelmiş demektir. Çoğu tezahür ettirme öğretisi işte bu adımla sona erer. Ne istediğinizi bulmayı öğrenirsiniz. Bolluk blokları üzerinde çalışmayı öğrenirsiniz. Belki bazı araçlarla ve ilhamla harekete geçme konusunda bazı ipuçları alırsınız. Ama hepsi bu kadar. Hoşça kal yolcu, sonrasında kendi başınızasınızdır. En önemli son adım olan bu adım, eylem planıdır.

Tezahür sürecinde harekete geçmek, bazen tamamen göz ardı edilir ya da yeterince dikkat çekmez. Ama ben size gerçekten işe yarayan, tüm tahminleri ortadan kaldıran bir teknik vermek istiyorum. Hayatınızdaki her hayale ulaşabilmenizi istiyorum. Ancak bunu yalnızca iyi ve sağlam bir eylem planınız varsa yapabilirsiniz. O yüzden büyük vizyonu olan, büyük resmi gören ve sadece buna odaklanan kişi olmaya dönüşeceksiniz. Ayrıca vizyonunuzu eylem adımlarına dönüştürebilen kişi olmanız da bir diğer hedefimdir.

Eylem planınız niyetinizi tezahür ettirme yolunda haritanızdır.

Eylem planı sadece Kuantum Tezahür alanındadır.

Düşüncenin doğru yönetilmesi sayesinde her şey mümkün olur. Çünkü düşüncelerimiz ve inançlarımız fiziksel olmayan ama titreşimi olan şeylerdir. Bunlar da enerjidir ve enerjinin yok olmadığını biliyorsak, o enerjiyi dönüştürmemiz gereklidir. Düşüncelerimizin, duygularımızın ve inançlarımızın gerçekliği yarattığını fark ettiğimizde, olumsuz düşüncelerimizin yarattığı etkilere yakalanan koşulların kurbanı olmak yerine, arzuladığımız şeylerle aynı titreşim alanında olabilecek farklı düşüncelerle bir rezonans alanına doğru enerjimizi yönlendirebiliriz.

Kuantum Tezahürü'nden önce Çekim Yasası'ndan haberdar olmanız ve onu niyetinize göre yönlendirebilecek ustalıkta olmanız gerekir. Çekim Yasası'nı anlamadan, bilmeden bir şey yaparsanız, bu durumunuzu daha da kötüleştirmekten başka bir işe yaramaz. Siz de bu durumu zaman zaman deneyimlemiş olmalısınız. Çekim Yasası'nı 2001'de keşfettim, kendi yaşamımda da 2003 senesinden beri uyguluyorum. Çekim Yasası'ndaki en temel şey, Kuantum Tezahür alanının bir mönü olduğunu anlamaktır. Bu alan size ne isterseniz, neyseniz onu veriyor.

Siparişiniz neydi?

Düşünceleriniz, enerjiniz, inançlarınız, yani Kuantum Tezahür alanınız. Bu alan enerjinizi iyi ya da kötü diye ayırt etmeden, sizin frekans alanınıza denk, benzer alanları size getiriyor.

Benzer, benzeri çeker.

Bizler, inançlarımızı, düşüncelerimizi gördüğümüz ve yaşadığımız bir dünyada olduğumuz ve kavrayabildiğimiz anda, niyetin ve tezahürün aslında sadece hâkimiyet olduğunu da anlamış oluruz. Yani niyetimizle hâkim bir titreşime geçmek için en önemli adımı atmış oluruz. Başkaları ve kendimiz hakkında ne düşünürsek o bizim gerçeğimizdir.

Düşündüğümüz, gördüğümüz her şey, bize ait sübjektif bir yanılsamadır.

Gerçeği yansıtmaz. Çünkü algıladığımız gerçeği yaratan bizim zihnimizdir. Gördüğümüz ve gerçek sandığımız şeyler duygularımızın ve düşüncelerimizin yarattığı kuantum alandır. Bunların üretimi sizce nerede olur ve üretim iradenizin bir ürünü müdür? Evet cevabını vereceğinizi biliyorum ama hemen düzelteyim, HAYIR.

Duyguları yaratan zihninizdeki duygularınızdır, bunların farkında olmadığınızda, bilinçli üretiminiz değillerdir. Onlar bilinçaltına aittir.

Sanrısal bir alanda bilinçaltınızın tezahürünü yaşarsınız, buna da ***gerçeğim*** ya da ***yaşamım*** dersiniz. Bilinçaltınız her süreçte vardır. Çok istediğiniz her ne varsa o alanlarda sizinledir. Tezahür frekansınızı yönetir. Siz yaşamınızda bir şeyleri tezahür ettirirken hep arkanızdadır.

Peki tezahür ettirmek nelere bağlıdır? Bu soruya cevap vermeden önce, nelere bağlı değildir sorusunu cevaplayalım.

Tezahür; %100 düzenli hedef belirlemek ve gerçekleştirmek için gösterilecek bir efor değildir. Gerçekleşmesini evrenden beklediğiniz bir sihir ya da ruhani bir ritüel de değildir.

İnsanlar tezahür ettirmenin istemek, arzu etmek ve dilemek olduğu yanılgısını yaşıyorlar çoğunlukla. Yaşamlarında gerçekleşmesini istedikleri şeyleri evrenden istemekten ya da evrenden tezahür etmesini beklediklerinden bahsetmeyi severler genelde. Bana da genelde davetlerde bir karşılaşmada, heyecanla bu deneyimlerinden bahsedenler çok olur. Elbette bu güzel ama kendi içimizdeki mikro seviyedeki evrenden, makro dediğimiz bizim dışımızdaki evrene varana kadar sorumluyuz. Sorumluyuz derken, düşüncemizle, hissimizle etkileme ve değiştirme gücüne sahibiz. Bu sebeple Tekabül Yasası'nı iyi anlayalım lütfen. Yani içeride ne varsa, dışarıda da o vardır.

Öncelikle burada kastedilen evren dışarıda değildir; içinizdedir. Sizin evren sandığınız şey, bilinçaltınızdır. Niyetleriniz: Belirlediğiniz tezahür hedefleriniz, kararlarınız, varış noktanız, olmazsa olmazınız, ateşleyicinizdir. Şimdi sırada niyetlerimizi tezahür ettirmek için gereken çok güçlü tekniklerim var.

Tezahür süreci eyleme dayalı olmalı, elbette kendi eylemlerimize. Tezahür ettirme sürecinin tüm aşamalarında aynı eylem ve enerjide olamayız. Niyetimi belirlemem, uygun eylem adımları planlamam, bu plandan sapmamak için de onu disiplinle kontrol ederek, niyetimi tezahür ettirmeye kadar götüreceğim üç sürecimde, üç farklı rol oynamam, çok önemli.

Tezahür ettirmek yaratıcı bir eylemdir. İşte bu süreçte başarılı olmanın sırrı, üç farklı yeteneğin güç birliğidir.

- Büyük hayal kurma yeteneği **(HAYALCİ)**
- Pragmatik olma yeteneği (**GERÇEKÇİ)**
- Üretilenlere karşı eleştirel olma yeteneği **(ELEŞTİRMEN)**

Hayalciler yaratıcılığa, yaratıcı fikirleri ve çözümleri paylaşmaya odaklanırlar. Gerçekçiler, gerçekliğe ve fikrin nasıl bir eylem planına dönüştürüleceğine odaklanırlar. Eleştirmenler ise fikirdeki eksiklikleri tespit etmekle, tezahüre varacak yolda yapılan planı devreye sokmakla, tezahürden bizi uzaklaştıracak etmenleri saptayıp bunları kenara bırakmakla ilgilidirler. Dolayısıyla, gerçek ve anlamlı bir yaratıcılık için her üç role de hâkim olmak gerekiyor. Hayalciler olmadan gerçekçiler olmaz.

Ancak hayalcilerin fikirleri de gerçekçiler olmadan hayata geçemez. Eleştirmenler olmadan, hayalcilerin ve gerçekçilerin girişimleri, niyetleri ve fikirleri genelde eksik kalacaktır ve tamamlanmamış olacaktır.

Siz de niyetinizin tezahür sürecinde bu üç rolden çıkmadan ilerlediğinizde sapasağlam tezahür süreçleri yöneten ustalar gibi davranıyor olacaksınız.

EYLEM PLANI

Niyetinizi tezahür ettireceğiniz bir eylem planı olmadan, niyetinizin gerçekleşeceğini bekler durursunuz. Ancak kendinize yüklenmeyin, aslında herkes bir şekilde eylem planlarıyla yaşar. Arabanızı sürerken, trafikten kaçacağınız ara yolları zihninizde canlandırırsınız, akşam sevgilinizle yemeğe nasıl yetişeceğinizi, ne ara nasıl hazırlanacağınızı, hangi saatte işten çıkacağınızı hep planlarsınız aslında. Yaşamınızın her yerinde bir eylem planınız her zaman vardır. Siz farkında değilsinizdir sadece. Bu eylem planını da yaşamınızın bir yerinde mutlaka uyguladınız. Şimdi dilerseniz hatırlayalım birlikte. Belki bir iş girişiminiz, belki büyük organizasyonunuz için plan yaptınız. Kendinizin büyük resmi gören, odağı büyük vizyonundaki zamanınıza gidin, yapıcı ama eleştirel olduğunuz, yaşanabilecek engelleri ve itirazları erkenden fark ettiğiniz, güçlü ve zayıf yönlerini bildiğiniz bir planınızın olduğu bir zamanı veya durumu hatırlayın. Hatırlamak için kendinize izin verin. İşte böyle. Planlayıcı sizde. Kuantum Tezahür eylem planınızı sağlam bir şekilde planlayabilirsiniz.

Kitapta ne çok çalışma var, benim bu kadar çalışacak gücüm yok. Bu ne canım tüm işi ben yaptıktan sonra tezahür kitabını niye aldım ki?

Ne saçma kitap, kuantum fiziği mi öğreneceğim, şöyle hemen etki edecek hap gibi etki edecek bir kitap alayım.

Benim işime yarayacak etkili bir içerik yok, okuyamam ben.

Aman Ayşe Tolga yine felsefe yapmış, pek sıkıldım elimden attım yaklaşımında olanlar için çaba göstermek yani ilham veren eylemlerde bulunmak zor olacaktır elbette. Onlar yine sihir, büyü, mucize peşinde koşsunlar, bizim onlarla işimiz yok. En azından benim yok.

Buraya kadar geldiyseniz kendinize aferin deyin bence. Şimdi çok daha güçlü devam edeceksiniz yola. İçsesiniz size bu kitaptan bir şey çıkmaz diyorsa, sizi konfor alanınızda tutmak isteyen iç sabotajcıdan başka bir şey değildir o ve sesi susturduğunuzda niyetlerin Kuantum Tezahür alanında yankılanan seslerini duymaya başlayacaksınız. Bu sebeple enerjinizi neye verdiğinizin farkında olmanız, içsesinizin size nasıl hissettirdiğinin farkında olmanız çok önemli.

İçinizdeki yargıcı, yapıcı eleştirmene dönüştürmeniz gerekir. "Neden bir plan oluşturacaksın ki, hedeflerine nasıl ulaşacağını nereden bileceğim, Çekim Yasası üzerine basit bir kitap almıştım, şimdi bununla niye uğraşayım ki, ayrıca piyasada 777 diyorlar, kırmızı ip, lavanta yağı filan diyorlar, bunlar herkeste çalışırken ben niye bu kitaptaki tekniklerle uğraşayım ki?"

Bu soruların bazılarına bile evet dediyseniz, siz de haklısınız. Sizi suçlayamam, buna ihtiyacınız yok belki, şimdilik. Belki büyük hayalleriniz, o kadar büyük değildir. Belki de doğru zaman değildir sizin için.

"Evren eylemleri alkışlar, düşünceleri değil" demiştir Albert Einstein, belki de sizin için eyleme geçecek gücünüzün olmadığı bir zamandır, belki de siz de benim bir zamanlar yaptığım gibi motivasyona sahip olmanız gerektiği yalanına inanmıştınız.

Motivasyon bir saçmalıktır, motivasyona değil, bambaşka şeylere ihtiyacımız vardır. Bunların neler olduğunu ilerleyen sayfalarda okuyacaksınız.

Sevgili okurum, büyük hayalleri, küçük bir zihinle gerçekleştirmek mümkün değildir. Ben Kuantum Tezahür Ustalığı anlatıyorum. Yerden kuruşları toplamaktan bahsetmiyorum. Bu sebeple büyük vizyonu olan, büyük resmi gören ve sadece buna odaklanan kişilerin dönüşümüne vesile olmakla ilgileniyorum. Hayat amacım bu sorumluluğu alabilecek kişilerin eğitimi ve rehberliği. Ben kendi yaşamımda da en büyük hayallere odaklanarak tezahür ettiren biriyim. Bunu bir gecede, parmak şaklatarak anlamadım. Bu tekniği geliştirmek için kıtlık bilincinden geçmem ve tezahürdeki enerjetik ve duygusal engelleri anlamam, kendimi ve yaşamımı düzenlemem, bu alanda deneyim kazanmam, sonrasında herkes için işleyen bir teknik haline getirmem gereken çok uzun bir yoldan geliyorum.

Yaşamımın her alanının bir Kuantum Tezahür alanı olduğunu biliyorum. Hayal kurduğum niyetlerimi yaşamaya niyet ettim. Hayal yaşamımın hikâyesini yazdım. Tüm bu eylemlerim sonucunda olmaya niyet ettiğim bu kadına dönüştüm. Yukarıdaki sabote edici içses sorularının hepsine zamanında ben de kulaklarımı tıkadım. Bilinçaltıma yer etmiş tüm değersizlik, kıtlık, yetersizlik ve zenginlikle ilgili sınırlayıcı inançlarım üzerinde çalıştım. Tabii ki niyetlerimi tezahür ettirecek eylem planımı yapmayı kesinlikle istedim ve yaptım da. İşte bunu dediğimden beri, tezahür ettirmek benim için tamamen zahmetsiz hale geldi.

Peki ya siz ne yapacaksınız?

Hayatınızda istediğiniz her şeyi zahmetsizce tezahür ettirebilmek ister misiniz? Eminim istiyorsunuzdur. Bu kitap size tezahür ettirmenin ne olduğunu ve nasıl olacağını anlatıyor. Aynı zamanda Çekim Yasası'nı harekete geçirmenizin teknik ve detaylarını paylaşıyor. Son olarak tezahürün önemli bir yasası olan, Eylem Yasası'nı anlamanızı hedefliyor. Bu eylem planını bir yapılacaklar listesi olarak görmeyin lütfen. Bulduğunuz adımlar sabit değildir. Her şey bilinçaltınızı farklı açılardan yeniden programlamakla ilgilidir. Daha çok bir hikâye gibi aslında...

Hayalci, hikâyeyi zaten ulaşmış olduğunuz perspektiften anlatır, gerçekten de nihai hedefinizdir. Hayalci, Çekim Yasası'nı harekete geçirir. Bu adım bilinçaltınıza neyi çekmek istediğinizi gösterir.

Planlayıcı ise hikâyeyi mevcut durumunuzun bakış açısından anlatır. Planlayıcının görevi, büyük hedefi daha küçük kilometre taşlarına bölerek, olasılığı göstererek sizi bu plana inandırmak ve kilometre taşlarına ulaşmak için ne gerektiğini düşünerek Eylem Yasası'nı harekete geçirmektir. Eleştirmen sizi yolunuzda, niyetinizde tutarken, hata yapmanızı engeller.

Tezahürün formülü; Büyük resme (TEZAHÜR)

Nereye gitmek istediğinize (NİYET)

Oraya nasıl ulaşabileceğinize (PLAN) sahip olmanızla başlar ve son adımda hâlâ kaldırmanız gereken engeller olup olmadığını kontrol etmekle ilgilidir. Son adım da plana çok önemli bir katman ekleyecektir, size gerekli inancı verecektir.

Çekim Yasası harika bir şeydir, niyetinizle çalışırken birden fazla yedek planınız zaten bellekte durmaktadır. O bellek bilinçaltınızdır. Bilinçaltınız, niyetinizden, hedefinize ulaşmanıza giden yolda size binlerce işaret gösterir, çözüm ve yol gösterir, bilgi paylaşır, yardım eder. Bunun için enter tuşuna basması gereken kişi sizsiniz. Eyleme geçmeniz gerekir.

Bilinçaltınızı bir navigasyon cihazı olarak düşünün derim hep, niyetiniz varış noktanızdır. Sisteme girdiğiniz koordinatlar ve oraya nasıl gideceğinizse planınızdır. Yolda trafik sıkışıklığı olup olmayacağını ya da bir kaza nedeniyle yolun kapanıp kapanmayacağını henüz bilmiyorsunuz. Böylesi bir durumda navigasyonunuz sizin için yeni bir rota hesaplayacaktır. Bilinçaltınız için de durum aynen budur. O her şekilde varış noktasına sizi götürecek alternatif yolları eksiksiz şekilde tasarlar ve planlar. Buna güvenin. Ancak varış noktanızı ve rotayı henüz hiç girmediyseniz, arabanızın içinde öylece oturuyorsunuz demektir. Hâlâ plansız, çaresiz ve kesinlikle kontrolsüz bir şekilde duruyorsunuzdur ve niyetinizin neden tezahür etmediğinden yakınıyorsunuzdur.

Gerçekten istediğiniz bu mu? Elbette bu değil, size yardımcı olmak için buradayım. Her şeyden önce, ilham veren eylemleri gerçekleştiren bir rolde olmalısınız. Pasif hiçbir anımız yok, hayalimiz yani niyetimizden başlayarak tezahürün her sürecinde hem aktif hem pasif olacağız, ama ilk başta eyleme geçmeliyiz. Bu sebeple planlayıcı rolünüz için iyi organize olan, işleri önceden planlamayı seven biri olarak kurgulayacağız süreci. Tezahürünüz için gerekli bir eylem planının ilk taslağını hazırlıyoruz birlikte.

Planlayıcı rolüne geçtikten sonra, hayalperest rolünde yazdığınız hayalinizdeki hayat hikâyesini okuyorsunuz. Kendinize çok kolay bir soru sorun: Bu hayale ulaşmak için ne yapmam gerekir?

Sonucu hedefleri açısından düşünün (*kitabın 3'üncü bölümünde açıklamasını bulacaksınız)*. Hatırlarsınız, büyük resme ulaşmak için ulaşmanız gereken daha küçük (*ama yine de büyük sayılan*) kilometre taşları var. Ayrıca, bunları daha da küçük adımlara, eylem adımlarınıza bölerek ayırmanız gerektiğini de unutmayın. Artık tamamen planlayıcı rolündesiniz, bilinçaltınız tamamen açık ve alıcı. Eminim fikirler şimdi çok daha iyi akacaktır. Planlayıcınız size bu konuyu derinlemesine analiz etmeniz, daha fazla araştırma yapmanız gerektiğini söylüyorsa onun sözünü dinlemenin tam zamanı.

Ne olursa olsun, hayal etme, planlama ve düzenleme süreçlerinin tümünde kendinizi takdir edin. Her zaman elinizden gelenin en iyisini yapıyorsunuz zaten. Tezahür süreci için gereken tek şey budur, tohumları ekiyoruz, bakımı veriyoruz, filizlenmenin ve hasadın bir zamanı var elbette.

Sonra kendinize şu soruları sorun:

Bu planla hedefime gerçekten ulaşabilir miyim? Başka nerede ne eksik var?

Planımda gözden kaçırdığım, dikkate almadığım ya da fark etmediğim şeyler var mı?

Farkında olmadığım kıtlık, bereket ve bolluğa dair sınırlayıcı inançlara sahip miyim?

Planımın başarılı olması için nelerden vazgeçmem gerekir ve ister miyim?

Erteleme, odağını kaybetme veya tembelleşme gibi hangi yıkıcı davranışları kendimden bekliyorum ve bunlarla başa çıkabiliyor muyum?

İçsesimizin çoğu zaman yıkıcı, yok edici, azaltıcı bir yargıç gibi bizi hayallerimizden uzaklaştırması işte tam bu şekilde olur. Enerjinizi neye verdiğinizin ve sınırlayıcı hislerinizin size nasıl hissettirdiğinin farkında olmanız çok önemli. İçinizdeki yargıcı, yapıcı eleştirmene dönüştürmek gerekli. Temrinlerle bu olacaktır elbette. Temrin, oyunculukta bir role hazırlanırken o karakterin detaylarını, duygusal yapısını, alışkanlıklarını öğrendikten sonra, role uyumlanmak için yaptığımız çalışmalardır. Farkındalığınızı nasıl bir eleştirmen olduğunuza getirdikten sonra düzenlemek için biraz pratik yaparak bu role kolayca girebilirsiniz. Tabii ki buna değer çünkü eleştirmen, tüm süreçte kilit bir role sahiptir ama yine de kendinize fazla baskı yapmayın.

Yaşamınızın bir yerinde yapıcı ama eleştirel olduğunuz, yaşanabilecek engelleri ve itirazları erkenden fark ettiğiniz, bir planın güçlü ve zayıf yönlerinin tam olarak nerede yattığını bildiğiniz bir zamanı veya durumu hatırlayın. Hatırlamak için kendinize izin verin.

Şu anda bu duyguya nerede erişebildiğinizi hissediyorsunuz? Kendinizi bu ruh haline sokmak için gözlerinizi kapatın, derin nefeslerle kendinize izin verin. Hayal etme, planlama ve düzenleme sürecine hâkim olacaksınız. Sizden ricam kendinize yüklenmemeniz. Bu bir süreç ve siz henüz öğreniyorsunuz, dolayısıyla tüm süreçlerin tümünde kendinizi takdir ederek ilerleyin.

Planınızı hazırladıktan sonra, yapıcı eleştirmen pozisyonunu alırsınız. Daha önce de belirtildiği gibi, rolleri kesin olarak ayırmanız çok önemlidir, özellikle eleştirmen için geçerlidir. Dikkatinizi dağıtırlarsa diğer rolleri gerçekten kapatmaya çalışın. Peki ya eleştirmen bazı geçerli noktalar ortaya koyarsa? O zaman planlamacının ofisine geri dönüp bu noktalar üzerinde çalışma zamanı gelmiş demektir. Üç rol de planınızdan memnun olana kadar devam eder. Bu gerçekten de iyi fikirler ve bir eylem planı üzerinde beyin fırtınası yapmak gibidir. Ancak aradaki fark, ayrı roller üstlenmeniz sayesinde, birlikte beyin fırtınası yapan akıllı insanlardan oluşan kendi küçük ekibinize sahip olmanızdır.

Sizi rahatsız eden bazı engeller varsa bunları belirlemenizi istiyorum. Ancak eleştirmeniniz hiçbir şey bulamayabilir. Harika, bu sadece planlayıcının harika bir iş çıkardığı anlamına gelir. Size iyi haberlerim var. Attığınız her adım, bu konuda sahip olduğunuz her düşünce, tüm bunlar tezahür sürecidir. Aslında, bu kitabı okumaya başladığınız dakikada başlamadı bu süreç, siz zaten Kuantum Tezahür alanınızda olduğunuz için bu kitabı satın almanızdan çok önce kendiniz için bu süreci zaten başlattınız. Ancak rica edeyim, işi fazla karmaşıklaştırmayın!

İster süreç boyunca size farklı alıştırmalar ve çalışmalarla rehberlik eden *Manifest Günlüğü*'ne sahip olun, ister bu üç rol ilkesini kendi başınıza keşfetmeyi seçin, bunu yapmak her zaman kolay gelmelidir.

Bu bir beyin fırtınası sürecidir ve tüm ayrıntılara inen süper ayrıntılı bir plan oluşturmakla ilgili değildir. Bunu bir düşünme süreci, bir tür günlük tutma egzersizi gibi kabul edin, üç rolü de günlük tutmadaki ipuçlarınız olarak kullanın.

BÖLÜM II

Temizlik, Arınma, Bırakma

Bilinçaltı zihniniz, hayallerinizi başarılı bir şekilde tezahür ettirmenin anahtarını elinde tutar. Her şeyin gerçekleştiği yer burasıdır. İşte bu yüzden her şeyi bilinçaltına bağlıyoruz.

Atacağımız üç adım: temizlik, köklenme, şarj olma...

Bolluğa dair kısıtlamaları fark etmek, bilinçaltı duygusal sınırlayıcı enerji bloklarını kaldırmak gerekiyor. Bilinçaltınızı tetiklemediğinizde ve onun size göndereceği işaret ve ipuçlarını dinlemediğinizde; başarılı bir şekilde tezahür edemezsiniz. **O halde bolluk enerjinizin önündeki farkında olmadığınız sınırları kaldırın.**

Bunu nasıl yapacağız?

Açıkçası öncelikle bunun bilinçli bir seçim olduğunu anlamamız gerekiyor. Bu sebeple size "Sadece evrene güvenin yeter" dersem, saçma yöntemlerin umut tacirlerinden bir farkım kalmaz. Sadece enerjinizi düzeltirseniz elbette bu alanda hâkim olacaksınız. Bu sebeple ikinci adım inanmaktır. Kuantum Tezahür alanında çalışırken, çevremde sıklıkla gördüğüm sorun, insanların bir şeye fazlasıyla inanmanın yeterli olduğuna inandırılmalarıdır. İnanmanızda bir sorun yok, ancak sadece inanmanız yeterli değildir.

Evrenden sipariş ettim, teslim edilmesini bekliyorum.

Alışveriş yaptığınız mağazanın, ödediğiniz paranın, aldığınız ürünün farkında değilseniz elinizde sadece bilinçsiz bir alışverişin sonuçları kalacaktır. Terziye bizzat sipariş verdiğiniz, provaları düzenli yapılmış, üzerinize özel olarak dikilmiş bir giysi mi, yoksa herkesin alabileceği ucuz bir hazırgiyim mi tercih edersiniz?

Enerji asla yalan söylemez sevgili okurum. Siz hangi frekans seviyesindesiniz, enerjiniz de odur. Enerjinizin kalitesinden haberdar mısınız? Yaydığınız enerjinin farkında mısınız?

Önceki bölümden Ümit Hanım'ın hikâyesini hatırlıyorsunuzdur. Dilemekle, ümit etmekle bir enerji yayarız. Bu enerji bizim için restorandaki yemeği seçmesi için garsona tüm yetkiyi veren bir müşterininki gibidir. Seçimleri biz yapmadığımız müddetçe önümüze gelen yemeğe razı olmak zorunda kalırız. Bu durum pek çok hayal kırıklığına yol açar.

Hayat arkadaşını, rüya işini, hayal evini tezahür ettirmek isteyen, buna inanan, emek, zaman ve para veren ama yaptıkları tüm niyet ve tezahür çalışmalarının işe yaramadığına inanan, hayal kırıklığı yaşayan pek çok kişi ulaştı bana. Yaptıkları bütün çalışmaların çöp olduğunu görüp umutsuzluğa kapılmışlardı, ama onlara söylediğimi şimdi size de söyleyeceğim, ben bir Tezahür Koçu'yum sevgili okurum. Bu konuda sizlere bildiklerimi paylaşabilecek uzmanlığa, ustalığa ulaşmam zaman aldı. Bu sebeple sizlere şimdi olduğum yerden rahatlıkla söyleyebilirim ki yaşadığınız bir başarısızlık değil, sadece Kuantum Tezahürü'nün ne olduğu konusunda fikri olmayan kişileri dinleme talihsizliğinizdir.

Sevgili okurum, niyetimin gerçeğe dönüşmesi için izlemeniz gereken bazı adımlar var. Hayaller öylece kendi haline bırakılınca gerçekleşmez. Bir şeye sonsuz inandığınız için hedefleriniz sihirli bir şekilde ortaya çıkmaz. İnanmak bu adımın sadece küçük bir parçasıdır. Tezahürün en önemli adımı, aynı titreşim seviyesine gelerek hedeflerinizi bilinçaltınızla hizaladığınız yerdir. Bu bir süreçtir. Tüm bu sürecin içinde temizlenmeniz, fark etmeniz, değiştirmeniz ve yeniden kodlamanız gereken bütün sınırlayıcı inançlarınız, duygusal blokajlarınız, tezahürünüzü sizden uzaklaştıran bilmediğiniz zihinsel kötü alışkanlıklarınız veya kendinizle ilgili farkında olmadığınız pek çok olumsuz benlik imajlarınız var olmaya devam ettikçe hayal kırıklığı yaşamaya devam edersiniz.

Enerji Düzen Sever
Akış, Düzenin İçinde Var Olur
Tezahür Bir Düzendir

Yaşamınızda kalıcı tezahürü elde etmek istiyorsanız, öncelikle akışı düzenlemeniz gerektiğini anlamalısınız. Zihninizdeki, bedeninizdeki ve enerji alanınızdaki dağınıklığı gidermeli, yaşamınızı düzenlemelisiniz. Tezahür ettirmek istediğiniz niyetlerinizin bolluğu için yer açmakla ilgili bir şey bu.

Gördüğünüz gibi tezahür ettirmek, yüksek titreşime sahip olmanın, dilemenin ve inanmanın da çok ötesindedir ve çok daha derinlere inen bir kişisel gelişim dönüşümüdür.

Zihinsel, duygusal ya da bedensel olarak temizlememiz gereken ağır yüklerimiz varsa (*tezahür kabımız diyelim*) ve kabımız geçmiş travmalarımızla doluysa, bir damla daha giremeyecektir bu kaba. Bolluk ve bereketi Tezahür Ettirme yolunuzda farkında olmadığınız büyük engeller olduğu sürece, niyetlerinizi tezahür ettirmekte zorlanacaksınız. Bu gayet kolayca öğrenebileceğiniz bir şeydir, kitabımda size konunun sadece bir kısmını anlatabiliyorum, ama siz bu konuda daha fazla bilgi edinmek isterseniz eğitimlerime katılabilirsiniz. Peki bu yolda hangi adımlar söz konusu diye sorarsanız, anlatayım:

BİLİNÇALTININ GÜCÜ

Hayatınızı düzene soktuğunuzda tezahür gerçekleşir. Elbette her boyuttaki hayatınızdan söz ediyorum.

- **BEDEN**
- **ZİHİN**
- **RUH**

Tüm bunları yeniden ele aldığınızda, temizlediğinizde, düzene soktuğunuzda enerjetik olarak hizalanıyorsunuz demiştim. İşte bundan sonrası, her alanda yedi gün yirmi dört saat tezahür niyetlerinizle hizalı olup bilinçli eyleme dayalıdır ki temizlik, hepsinin önüne geçer.

Kuantum Tezahür alanında derin temizlik yapmamız şart. Bunun nedeni, Çekim Yasası'nı gerçekten harekete geçirmektir. Ayrıca tezahür ettireceğim tüm ilham verici eylemlerimi yapabilmek için çok büyük tezahür hedefleri belirlemem gereklidir. Bu büyük tezahür hedefleri benim için cazip, heyecan verici olsa da bolluğa sahip olmamla ilgili farkında olmadığım çok güçlü blokajlarım varsa, zenginlikle ilgili birçok sınırlayıcı inancım varsa, bunlar beni çok büyük tezahür hedefleri koymaktan alıkoyacaktır.

Ne kadar istersem isteyeyim, ne kadar dilersem dileyeyim, istediğim kadar da inananayım fark etmez. Bilinçaltımda temizlenmemiş, dağınık inanç blokajları, duygu kalıpları olduğu müddetçe bir kuklayımdır.

Niyetlerinizin tezahürünü engelleyen farkında olmadığınız tüm duygusal ve zihinsel kodlar, kalıplar, inançlar, sınırlamalar. Bereket, zenginlik, refah, aşk, ilişkiler, başarıyı engelleyen farkında olmadığınız tüm **duygusal ve zihinsel kodlar, kalıplar, inançlar, sınırlamalar**. (*Bunları temizlemek için bir başka katmanla daha çalışmamız gerekiyor)* Tezahür alanında benliğinizin, egonuzun, kimlik ve özlük kavramlarınızın farkına varmanız. Bunlar çok önemli...

Tezahür, daha önce de söylediğim gibi kütlesel olan yüzde 4'lük alanımızdan gelmez. Yüzde 96'lık enerji ve madde alanımızdan gelir. Burası da bilinçaltıdır. Kuantum Tezahürü bilinçaltımızla çalışır. Onu anlar, onu terbiye eder, onu ehlileştirir, sonra derinlemesine temizleyerek, nötr alana getirir.

Peki bilinçaltınızla nasıl tezahür ettirirsiniz?

Bu bizim niyetlerimizi tezahür ettirmemizi sağlayan en önemli adımdır. Tezahür süreci temiz bir kap gibi olmalıdır. Yani gücü, şifayı, bereketi sadece tertemiz bir zihinle sağlarız. Bilinçaltımızın derinliğini anlarsak, onun gücünü fark ederiz. Bilinçaltımız aslında yaşamımızın %90'ıdır. Bu sadece zihnimizden, nefesimizden, duygularımızdan sorumlu değildir, biyolojik fonksiyonlarımızdan, DNA'mızdan hücre gelişimimizden, organlarımızın işlevinden bile sorumludur. Bunu anladığımızda bilinçaltımızı temizleyerek, derinlemesine arındırarak daha yüksek alanlara, tezahür ettireceğimiz sonsuz kuantum alanlarına açılırız. Bu bize yaşam gücü, motivasyonu, hizmetimizi ve yaşam amacımızı getiren alandır. Bu alan sınırsız bereketiyle bize her boyutta, zamansız ve sınırsız olarak açılır.

Kuantum Tezahür alanı sonsuzluktur, yüce yaratıcının "Ol!" dediği her şeyi kapsayan, her şey olan, ona ait zihinsel alandır. Kuantum Tezahür alanında enerjim bir mıknatıs gibi arzu ettiğim şeyi değil, olduğum şeyi çekecektir. Titreşimim ise, her şeye sahip olmak, paraya sahip olmak, taklit ettiğim Instagram ünlüsünün kocası gibi birine sahip olmaksa, bunlar da sığ, materyalist, maddesel istekler olarak çıkar içerdiği için Tekabül Yasası gereği, içimde olan zaten dışıma yansıdığından, ben maddeye bağımlı olduğum için yine maddesel ve çıkarcı bir deneyim yaşarım. Ama dünyada bildiğimiz çok yüksek titreşimsel duygu, kavram, madde ya da inançlar vardır, bunlar; Şükür İçinde Olmak, Sevgi, Nezaket, Merhamet ve Şefkat'tir. Bu duygularla kendimizi ve çevremizi beslememiz gerekir.

Hepimiz zenginlik, mutlu bir evlilik ya da yaşam boyu süren harika bir deneyime sahip olmak istiyoruz elbette. Hepsi çok doğal istekler. Bunlara sahip olabileceğinizi, niyet ettiğiniz her şeye sahip olabileceğinizi de biliyorum.

Şimdi tüm bunları yapabilmek için öncelikle sistemi anlamamız gerekiyor.

Maalesef Kuantum Tezahür alanındaki işler öyle; ***iste, bekle gerçekleşsin*** boyutunda olmuyor. Bu alanın nelerle beslendiğini anladığımızda ve fark ettiğimizde tezahür ettirmenin en temel eylemi de gerçekleşir. İşin sırrı farkında olmadığınız sınırlayıcı duygularınızın farkında olmaktır. Tam bu sebeple temizleneceğiz işte.

TEZAHÜRÜN ÜÇ ANA ADIMI

Tezahür ettirirken göz önünde bulundurulması gereken üç ana adım vardır. Şimdilerde Kuantum Tezahürü'nü anlatan, seminer veren bazı kişiler açısından süreç üç adımda gerçekleşir: İste, inan ve al. Size daha önce de anlattığım *Çekim Yasası'nı* biraz daha derinleştirmek istiyorum şimdi.

- **Manifest ettirmek**
- **Evrenden sipariş vermek**
- **İnanmak ve dilemek, sonra beklemek ve sahip olmak**
- **İste, inan ve al**

Tüm bu sistemler, inançlar ya da teknikler *The Secret* (Sır) filminin taklitleridir. 2000'lerin başında çok ünlü olan bir kitabın bizlere aşıladıklarıdır. *Sır* kitabı ve filmi kendi döneminde hepimize muazzam hizmet etmişti, materyalizmin içinde yüzdüğümüz o zamanlar açısından harika, kafa açıcı bilgilerdi. Onlara çok müteşekkiriz. Kuantum felsefesini anlatarak, insanlığın kolektif bilincinde şahane açılımlar yaptılar, bizleri şimdiki Tezahür Ustalığı'na getirdiler. Kitabın da filminin de hizmetlerinin çok ilham verici olduğunu düşünsem de, verdiği mesajların çoğunun eski bilince ait olduğunu düşünüyorum, kendi hayatımı uzunca bir süre bu felsefeyle yaşamış biri olarak şimdi olduğum yerden rahatlıkla, kitapta anlatılan bazı yasaların yeniden düzenlenmesi gerektiğine inanıyorum ve bazı öğretilere katılmadığımı söylemek istiyorum. Kuantum Tezahür alanının, evrimsel bir süreç geçirdiğini insanlık bilinci olarak kabul etmeliyiz.

Kendim de bu alanda 2000'lerden beri ruhsal, enerjisel, bedensel ve zihinsel olarak çok fazla mesai harcamış, çalışmış biri olarak *Sır* kitabının yaklaşımının tezahürü aşırı basitleştirdiğine inanıyorum. Elbette her istediğimizi tezahür ettirebiliriz, ancak bu kitapta ya da filmde anlatıldığından daha fazla detay, farklı bir zihin yapısı ve ustalık istiyor. Bu sebeple Tezahür Ettirme'nin doğasını biraz olsa anlamış olsa da, düşüncelerimizi ve duygularımızı fark etmek gibi, bunların gerçekleşmesi kısmında çoğu insana yanlış umut veriyor ve çok fazla kafa karışıklığına yol açıyor. Çünkü insanların çoğu emek vermek yerine tembelce beklemeyi, umut etmeyi ya da dileğinin ayağına geleceğine inanmayı seçiyor.

Niyetlerimizi gerçekleştirmek için tek yapmamız gerekenin inanmak, bileğimize ip bağlamak, mum yakmak, mantrayı tekrarlamak, birtakım yağlar sürmekle mümkün olduğunu söyleyen kitaplar elbette, bilimsel olarak işi ele alan ve tezahür ettirmenin harekete geçmekle mümkün olabileceğini söyleyen benimki gibi kitaplardan daha çok satıyor.

Titreşimini Yükselt Hayatın Değişsin ve *Bereket Sende* adlı kitaplarımda tüm derinliğiyle elinizdeki bu kitabın altyapısını hazırladım aslında. Çünkü benim derdim kitaplarımın elbette milyonlarca insan tarafından okunmasıdır, ama bunu değerlerimle ve inandığım hakiki yolumla, tekniklerimle olması gerektiğini de biliyorum. Ben hiçbir zaman UMUT TACİRİ olmadım, hiçbir zaman sığ, değişen, kolay, popülerlik peşinde koşarak saçma sapan tezahür tavsiyeleri vermedim. *Bereket Sende* ve *Titreşimini Yükselt Hayatın Değişsin* adlı daha yüksek başarı oranlarını sağlayan seminerlere dönüştürdüğüm iki kitabımda da anlattığım üzere, bu tip bilgileri vermediğim gibi böyle sistemleri de asla önermem. Bu da benim mesleki olarak kendime, işime, sizlere duyduğum saygıdan ve verdiğim kıymetten kaynaklıdır. Bu kitapta ve tüm kitaplarımda, seminerlerimde senelere dayanan, denenmiş ve etkili sistemleri, bilimsel bir temele oturttuğum, geleneksel bütüncül sistemlerle harmanlayarak paylaşıyorum. Benim amacım daha gelişmiş bir tezahür sürecini herkesin idrak etmesini ve yaşamlarına **kalıcı olarak** geçirmelerini sağlamak.

Başka kitaplar, seminerler veya sistemlerde gördüğüm ise, bu bilgilerin çok genel bilgileri içermesi. Halbuki parmak izi gibi özgünsek, farklıysak eğer, bu bilgilerin kişiye özel olması gerekir. Bu sebeple kitaplarım ve eğitim programlarım kişiselleştirilmiş ihtiyaçlarınıza ve şahsi durumunuza özel olarak uyarlanmıştır. Hepsiyle ilgili bilgi almak ve Kuantum Tezahür Ustalığı online seminerlerime katılmak isterseniz www.kuantumtezahurustaligi.com adresini inceleyebilirsiniz. Şimdi Niyetlerimizi Kalıcı Olarak Tezahür Ettirme'nin tek anahtarının bizde olduğunu anladıysak, çalışmalarımıza başlayacağız. Derin temizlik yaparak niyetlerimizin tezahürü önündeki sınırlayıcı, toksik düşünce ve duygularımızı temizleyeceğiz. Böylece istediğimiz her şeyi tezahür ettirebiliriz.

TEMİZLİK

Aşağıdaki QR kodu tıklayarak, bu kitap için hazırladığım **Engelleyici Duyguları Temizleme Rehberli Meditasyonu'mda** bana eşlik edebilirsiniz.

Uygulama

Engelleyici Duyguları Temizleme Rehberli Meditasyon

Tezahür neydi? Manifestoydu. Manifestomuzu net bir şekilde verebilmek için gereken tüm temizliği yapmaya gönüllü olalım lütfen. Geçiştirmeyelim, yokmuş gibi davrandığımız her şeyin enerji alanımızdaki bir çöplük olarak bizimle her yere geldiğini, niyet ettiğimiz tezahür alanını bizden uzaklaştıran düşük bir titreşim alanı yarattığını unutmayalım.

21 gün boyunca QR kodu okutarak çalışmanızı yaptıktan sonra *Manifest Günlüğü*'nüzü alttaki soruları cevaplayarak yazın. Kendinize zaman verin. Yazmak, bu meditasyonla birlikte yapmanız gereken bir devam çalışmasıdır.

Bu çalışmayı 21 gün boyunca tekrarlayın. Yirmi bir günün şifa ve alışkanlık sayısı olduğunu unutmayın. Sınırlayıcı, toksik duygularınızı fark etmek ve temizlenmek için kendinize zaman tanıyın.

- Deneyiminizin fiziksel, duygusal ve zihinsel kısımlarını ayırt etmek sizin için kolay mıydı yoksa zor muydu?
- Fiziksel hislerinizle kalabildiğinizde, duygu deneyiminiz değişti mi?
- Bir duyguyu veya fiziksel bir hissi tetikleyen herhangi bir düşünce fark ettiniz mi?

İlerlemek istediğiniz alanlarda yolunuzu temizleyeceğiz. Sınırları kırmak, Kuantum Tezahür alanında tüm sıçrayışınızı yapmak sizin elinizde. Şimdi bir sonraki aşamaya hazırsınız.

KÖKLENECEK, MERKEZLENECEK VE HİZALANACAĞIZ. PEKİ NEYLE?

YARATILIŞIN KENDİSİYLE. BİZ BUNA KUANTUM TEZAHÜR SÖRFÜ DİYORUZ. ŞİMDİ KUANTUMA DALACAĞIZ. HADİ ATLAYALIM.

Tezahürün İkinci Aşaması
KÖKLENME, MERKEZLENME, HİZALANMA

Bir önceki bölümde temizlenmenin önemini anladınız. Şimdi bizler için çok önemli diğer kısma geçeceğiz. **İlham Veren Eylemlere...**

İşte bu adım en önemli olanıdır. Bir şeyi hayal ettiğimde, onu niyet ettirmek istediğimde, bu benim için zaten oradadır.

Zaten benim hayal ettiğim her şeyin bir başka titreşim alanındaki gerçekliğim olduğunu bilirim. Bu biliş benim, şüphelerimden, bilincimden özgürleştiğim alanımdır. Bu sebeple, hayatımda tezahür ettirmem gereken her şey için hazır olduğumda tezahür gerçekleşir. Ne demiştim önceki bölümlerde: ***"Deneyimlemediğim hiçbir şeyi hayal edemem."***

Tezahürü ilham veren eylemlerimizle gerçekleştiririz. Bu gerçekten de tezahürün kendisidir. Burası hayallerinizi gerçekleştirdiğiniz yerdir. İşte ilham veren eylemlerimiz bu sebeple Kuantum Tezahür alanı için en gerekli araçtır.

Şansa, umuda, dilemeye bağlı olamayız, pasif bir şekilde bekleyerek bir şeyleri tezahür ettirmeyiz, dile, bekle ve al diyemeyiz. Çünkü kuantum ustalığı içinde evrensel temel yasalardan birisi Tekabül Yasası'dır demiştim. Yani **içeride ne varsa, dışarıda da o vardır.**

Hepimiz kendi yaşamlarımızın bilinçli Kuantum Tezahürü Ustaları'yız. Bu sebeple benim için dilemek bu adımı çok pasif hale getiriyor ki bu hakiki değildir. Hazırlıksız olarak dilediniz ama gelecek olan her şeye hazırlıklı olmalısınız.

İlham verici bir eylem, bir şeyi yapmak için güçlü bir içsel dürtü hissettiğinizde yaptığınızdır. Yani doğrudan içinizden gelen bir duygudur. Öte yandan, genellikle yapılması çok büyük, hatta sizi korkutan bir eylemdir. Ancak büyük bir fark yaratacak olan tam da bu eylemdir. Bu tür bir eylem kesinlikle tezahür sürecindeki en kritik adımlardan biridir ve genellikle ileriye doğru attığınız ilk büyük adımdır. Sizi hedefinize büyük bir adım daha yaklaştıran bir şey yapmakla ilgilidir, hayalinize doğru kuantum sıçramasıdır.

Böyle bir eylem adımının en güzel yanı, genellikle sonraki adımları da beraberinde getirerek, bir olta gibi çekmesi ve sizi doğru yönde daha da ileriye itmesidir. İlham verici bir eylem genellikle sezgi ya da ani bir fikir, bir aydınlanma ile tetiklenir. O zaman bu ilhamı takip etmek ve gerekli eylem adımını atmak sizin işinizdir. Bu eylemi mümkün olan en kısa sürede gerçekleştirmeniz gerekir. Bu adımı ne zaman atacağınızı ve ne yapmanız gerektiğini gerçekten bilmeniz için bazı şeylerin doğru olması gerekir. Evrenle aynı hizada olmanız gerekir. Yani gerçekte, bilinçaltı zihninizle, onun hayallerinize ve hedeflerinize doğru nasıl programlandığıyla uyumlu olmalısınız. İyi haber şu ki bu kitaptaki ve benim ileri tezahür sürecimdeki her adım özellikle buna yöneliktir. Bolluk bloklarınızı çözmeyi, zihniyetinizi eğitmeyi ve doğru hedeflere odaklanmayı öğreniyorsunuz. Ayrıca yönünüzü de belirlemeniz gerekiyor. Çünkü bilinçaltınıza nereye gideceğini siz söylersiniz ve tezahür ettirmede sizi attığınız ilk adımdan daha hızlı ilerletecek çok az şey vardır. Bu yüzden bunu bilinçli olarak yapın.

İşin iyi yanı, hayalinizdeki yaşam planınız cebinizdeyken, o ilk adımın neye benzemesi gerektiğini tam olarak biliyor olacaksınız kitap bittiğinde. Sadece ilk adımı değil, atılacak bir dizi adımı da belirlediniz. Filtrelerinizi de, bilinçaltınızı da ya da isterseniz evreni de, sizi büyük hedefinize götürecek bu yola ayarladınız.

İlham verici eylem bu şekilde doğal olarak gelecektir. Ne zaman harekete geçmeniz gerektiğini de bu şekilde anlayacaksınız. Ayrıca bu size eylem adımlarınıza güvenmeniz için gereken güveni verecektir. Her şey belirli bir duyarlılık geliştirmek, almaya açık olmak ve ayrıca bilinçaltınızı her gün eğiterek ona ne istediğinizi ve nereye gitmek istediğinizi göstermekle ilgilidir.

Bu kitap dışında çalışmanızı pekiştirmek ve eksiksiz hale getirmek için size bir araç seti daha hazırladım, o da *Manifest*

Günlüğü... Kitapla birlikte, günlüğe sahip olduğunuzda bilinçaltınızın günlük, rutin sistematik kodlamasını sağlarsınız. Bilinçaltınızı her gün, güçlü yöntemlerle eğiterek ona ne istediğinizi ve nereye gitmek istediğinizi göstereceksiniz. Günlükle birlikte verdiğim çalışmalara devam ettiğinizde daha çok faydasını göreceksiniz. İlham alarak harekete geçtiğinizde tezahür gerçekleşir.

Sevgili okurum, tezahür internet alışverişine benzemez. Hayalinizdeki hayatı sipariş edip teslimatın gelmesini bekleyemezsiniz. Bu eski ve çarpık bir düşünce yapısıyla insanların sürekli olarak **oldu-oldu-oldu bile** şeklindeki tekrarlarla kendilerini kandırmaları canımı sıkıyor artık. Sizin için gerçekleşmesini istediğiniz bir şey varsa, bunun için oraya gitmeli ve bunu kendiniz gerçekleştirmelisiniz.

Kuantum Tezahür alanında yasa her zaman böyle çalışır. Sizi küçük bir bebek gibi besleyen bir sistem, sizi tembel, pasif ve edilgen bir halde bekletiyor. Üstelik bu hal dişil enerji bile değil, çünkü umut, inanç, dilek her neyse bir eylemsel enerji içindesiniz.

Tezahürün birinci şartı, niyetimin niteliğinin farkında olmamdı. Diğer bir şartı ise, niyetimin tezahürünün önündeki bilmediğim engelleri temizlemek. Bunlar bilinçaltımdaki inançlardı. Peki adımlarım ne olacaktı?

Niyet nedir ve niyetimi nasıl yoğunlaştıracağımı öğrenip anladım, sonrasında niyet ettiğim her yaşam senaryomun tezahür etmesi için bilinçli olarak enerjimi yönlendirecek teknikleri kazanacağım. Farkındalık olmadan dönüşüm olmaz. Fark ettiğim şeyi düzenleyebilirim, onu temizlemeye başlarım. Niyetimin tezahür süreci için bir sonraki adıma geçerim, bilinçaltımdaki senaryo, oyuncu, film, film salonu, yapım her şeyi yeniden düzenlerim. Tezahüre engel olan inançları temizledikten sonraki adıma hazırımdır. Sonraki adımım; temiz **alanın üzerine yeni inançları inşa etmektir.**

Tezahürün en önemli kurallarından biri bilinçaltınıza yeni bir hikâye anlatmaya başlamakla ilgilidir, o da buna inanmakla başlar, bunu yeni gerçeklik olarak kabul eder ve sizi oraya yönlendirmek için her şeyi yapar. İşte bu şekilde gelecekteki yüksek benliğiniz haline gelirsiniz.

Arzu ettiğiniz rüya hayatı zaten yaşamakta olan kişinin kim olduğunu biliyor musunuz?

SİZSİNİZ.

Bilinçaltınız size yalnızca rehberlik edebilir. Siz zihniniz, zihninizin yansımaları ve bilinçaltınız değilsiniz. Bilinçaltınızın, dünyanızın gerçeklik sandığınız alanın %90'ını oluşturduğunu bilirseniz işte bu alanı düzenleyerek, inanç sisteminizin sınırlı eşiğini geçersiniz. Sınırsız bir alanda olduğunuzu bir kez anlarsanız, bu alan başkaları açısından mucizeyken sizin için Kuantum Tezahür alanının doğal akışı olur ve tüm nimetlerini yaşarsınız. Şimdiye kadar okuduklarınız Kuantum Tezahür alanının sadece bir kısmıydı, bu kısımda hükmetmeyi öğrendiniz. Tezahür ettirmek için gereken alana geleceğiz sonra.

SİZLERE BÜYÜK BİR SIR VEREYİM. Tezahürün gerçekleşmesini sağlayan SİZSİNİZ. Hedeflerinize ulaşmak için gerekli ilham verici eylemi gerçekleştiren SİZSİNİZ. Niyetinizin tezahüre dönüşmesini sağlayan SİZSİNİZ. Hadi gelin, devam edelim çünkü TEZAHÜR USTALIĞINA eklemem gereken birkaç konu daha var:

Dileğe, umut etmeye, inanmaya ve şansa dayalı tezahür mü yoksa eyleme dayalı tezahür mü?

Daha önce de söylediğim gibi dilemek, umut etmek Kuantum Tezahür alanının eylemsel ilkesine aykırıdır. Bu sebeple

iste, inan, gelsin fikrini şimdilik rafa kaldırın ve bu alana girmeyin. (Bir süre sonra rafa kaldırmakta da ustalaşacaksınız, ama tesadüfen olmayacak bu) Şimdi eyleme dayalı tezahür ustalığında derinleşelim.

İlham veren eylemlerle tezahür ettirmek istediğiniz **her şeyi elde edebilirsiniz.** Nasıl mı?

Öncelikle şunu anlayalım. Kuantum Tezahür alanını kalıcı olarak yönetmemi sağlayan ve yaşamımı değiştiren şey, en büyük farkındalığım neydi biliyor musunuz?

Motivasyon saçmalığı

Yaşamda elde etmek istediklerim için motivasyonumun yüksek olması gerektiği yanlışını anlamam tabii ki. Benim hayatımdaki en büyük bilinç sıçramamı pasif haldeki dileme, inanma, umut etme fazından bir tokatla uyandıran kuantum sıçramamı sağlayan bir deneyimle elde ettim. Motivasyona yüklediğim gereksiz tüm anlamları fark ettim. Önceki bölümlerde söz etmiştim, tezahür araçlarından her şeyi beklemeyin, araçlara anlam yüklemeyin diye, ben de öyleydim ama. Motivasyona verdiğim anlamı sonradan fark ettim. Motivasyonuma büyütme, tüm gücümü verme yanılgımdan vazgeçtim. Pasif fazın beni bir yere götürmediğini, sadece eylemsiz bir alanda tuttuğunu, bunun da temel Kuantum Tezahür Yasası'na tamamen aykırı olduğunu sonradan anladım.

Sevgili okurum, motivasyon, yaptığınız şeyin nedenidir. Bu bir dürtüdür, bir nedendir. Bu sebeple genelde toplumun motivasyondan anladığı şey, doğal olarak sahip olduğunuz bir şey olmadığıdır ki bu da yanlıştır. Motivasyon ilhamdan ve coşkudan çok farklıdır.

İlham nedir?

Sosyal medyada, medyada izlediğiniz bir şey, okuduğunuz bir iki satır yazı size iyi gelir, izlediklerinizin enerjisi sizi yerinizden kaldırır. Belki siz de aynı içeceği yapmaya koyulursunuz, belki makyajınızı belki sporunuzu ilham aldığınız şeye göre yeniden düzenlersiniz, böylece güne başlamak istediğiniz yerde ilham alırsınız. İlhamla, bir şey yapmak için enerji duyarsınız. Ama diyelim bir sabah, bunların hiçbiri yok. Kötü bir durumda değilsiniz, canınız sıkkın değil, bir sorun ya da bir üzüntünüz de yok. Ama enerjiniz de yok. Videolar sosyal medyada gözünüzün önüne düşer, siz sayfayı geçersiniz. Motivasyon basit bir şeydir. Her şey değildir, bir başlangıçtır.

Sevgili okurum motivasyon bir kıvılcımdır. Bu kıvılcım sizi yolun sonuna kadar götürmez, sadece ilk adımı attırır. Bazı insanlar motivasyonun geçici olduğunu, gerçek motivasyon olmadığını söylüyor. Aslında bahsettikleri şey ilham ve coşkudur. Çoğu insanın motivasyonla ilgili anladığı şey, coşku ve ilhamdır. Ama niyetimizin tezahüründe bizi devam ettiren şeylerden biri hırs ve beklentidir.

Hırs ve Beklentiler Tezahürün Adımlarındandır

Ben motivasyonla değil, hırsla tezahür ettiriyordum. Hırsım, hayat amacımın kendisiydi. Hırsımı sahiplendim. Şimdi bu satırları okuduğunuzda hırs sözcüğünü kullanmamdan rahatsız olanlarınız olacaktır. Bununla da ilgili bir farkındalık içinde olunuz lütfen. Hırs, toplumumuzda yanlış aktarılmış bir kavramdır. Hırslı insan tüketen, kötücülmüş gibi aktarılmaktadır. Zihin ruh dengesini kuramamış, bireysellikle ego odaklı bir insan elbette sadece kendisinin kazanmasıyla ilgilenir.

Hırs benim için kendimi aşmak, yapabileceğimin en iyisini yapabilmenin sınırsız gücüdür. Hırs kendine meydan okumaktır. Kararını verdiğin niyetin doğrultusunda ilerlemek, çıkacak zorluklar karşısında yılmamak, hatta keyifle sürecin içinde var olmaktır. Bu kitabımı yazmam da yine bu hırsımla ilgilidir.

Neyin hırsı?

Niyetin ve tezahürün doğru bir şekilde anlatılırsa herkesin kendi niyetine ulaşabileceğini bilmemin hırsı.

Benim misyonum ve yaşam amacım neydi peki? Tüm canlıların refah, sağlık, huzur, bereket içinde yaşamasıdır. Yaşam amacımla hizalı olduğum her eylemim niyetimin tezahürüdür. Yani hırs benim gerçekten istediğim şeydir. Bu bana coşku verir, enerji verir. Her şeyi hızla, kolaylıkla, neşe ve coşkuyla yaparım.

Hırs ve beklenti çok önemli iki ateşleyicidir ve hakiki motivasyonun temelini oluşturur. Hırsımla niyetimi ateşlerim. Motivasyonumsa bana kıvılcımı verir. Beklentim de buna sahip olabileceğime inancımdır ki bu çok önemlidir.

Ne var ki insanların çoğu motivasyona sahip değillerdir, onlar motivasyona değil umuda sahiplerdir. Motivasyon benim hedefime (*burada bahsettiğim hedefim niyetimdi, niyetimse kararımdı*) ve kararımın tezahürüne olan inancımdır.

Çoğu insanın motivasyonlarının hemen yok olmasının sebebi, kavram karmaşasıdır, çünkü sahip olabileceklerine inanmazlar. Çoğu insanın motivasyonu yoktur, çünkü hayat amaçları yoktur. Hayat amacım benim için, bir deniz feneri gibi tüm karanlığın ortasında bana yol gösterendir.

Yalnızlık, bireysellik, teklik, korku ve kıtlık dünyasının içinden yükselerek birlik bilincinde, refahın ve şifanın doğal yaşam hakkım olduğunu bilen, bunu da milyonlarla paylaşarak dünyaya da bu ışığı yayma misyonumdur. Büyük bir aileyiz, hepimiz birimiz, birimiz hepimiz için.

Yaratılmış tüm alan sonsuz bolluk, bereket, zenginlik, refah ve şifadadır. Bunu deneyimlemekse bilinç alanlarımızın yeniden programlanmasıyla kolayca gerçekleşir. Bu kitap size basitçe istediğiniz her şeye sahip olmanızı öğreten bir kitap değildir. Bu kitaptaki deneyimlerinizle, ilham veren eylemlerinizle, sizlerin de Kuantum Tezahür Ustası adayları olarak dünyamızda var olmanız herkese ilham verecektir. Bu ilham bir ışıktır. Işığı yayanlardan olmanız için yazıldı bu kitap. **Sen karanlığa ışık olacaksın, ışık olduğunda karanlık biter.**

Benim motivasyon cümlem nedir biliyor musunuz?

İÇİMDEKİ IŞIK ÇEVREMDEKİ KARANLIĞA ÇÖZÜMDÜR.

Dünyamızdaysa tam tersi vardır. Çoğu insan bebekler gibidirler, yaşamlarının sorumluluğunu almazlar. Başlarına gelen her şeyin, hastalıkların atalarından, genetikten, bedendeki toksinlerinden, mikroplardan, tümörlerden kaynaklandığını sanırlar ama iş öyle değildir. Kuantum alan her şeydir. Fiziksel boyutta tezahür etmiş her şey aslında fiziki olmayan kuantum boyutunda öncesinde var olur zaten. Bu alan bilinçaltınız diyebileceğim tüm kuantum alandır. Madde olarak size fiziksel görünen her şeyden önce madde ve karanlık, enerji olarak tezahür alanınızda zaten vardır.

Size bütünselliği anlattım. İnançlarınız, bilinçaltınızı, yaşam enerjinizi emen parazitlerdir. Bu parazitler gerçek anlamda yaşam enerjinizi emerler, zehirlerini yaşamınıza salarlar, sizi her boyutta hasta ederler. Sizi bir hayalete dönüştürürler.

Manifest etmek, manifestonuzdur, yani kendinizi evrende netleştirmektir. Evrene net bir sesle doğru mesajı iletmektir. **Mesajınızsa niyetinizdir.**

Fiziksel, zihinsel, duygusal, ruhsal ve enerjisel titreşim alanınız niyetinizin tezahürüne işaret verendir. Bu sebeple her yerden gelen işaretleri duymak gerekir. Çoğu insan işaretleri duymadığı gibi yaşamında gerçekleşmesini istediği şeyleri, kendisinin dışındaki her şeye bağlar.

Motivasyon, eylemlerinizi bilinçli olarak gerçekleştirdiğinizin farkında olmaktır. Çevrenizde **iste, inan, bekle olsun** diye tutturanlar varsa onlar için üzgünüm, daha çok bekleyecekler. Çünkü onlar motive değiller, sadece dilekleri, umutları, inançları var.

Umut etmek anlık ilhamdır. Umut etmek ve inanmak sahtedir, zayıftır, geçicidir. Dilek dilemek inançla ilgilidir. "Hayat arkadaşımın geleceğine inanıyorum" dediğinizde umut etmeye başlarsınız. "Hayat arkadaşımın gelmesini diliyorum" dediğinizde bunun tezahürünü sizin dışınızdaki bir güce teslim edersiniz. Bu güç Allah, yüce yaratıcı, yaratıcı alan filan da değildir, kendinizi kandırmayın. Öyle olsa yüksek titreşim alanından gelir. Bu dilemelerinizin sonucunda neler yaşadığınıza bir bakar mısınız? Alınan sonuçlara bile dikkat ettiğinizde doğru kaynağa bağlı olmadığınızı anlayacaksınız.

Sevgili okurum, hisleriniz size doğru baktığında niyetlerinizin tezahür alanında neye bağlı olduğunuzun cevabı kolayca gelir. Kalbimiz yüksek titreşim alanına bağlı olandır, bize en doğru cevabı verir. Madde odaklı, sahip olduklarını kaybetmekten korkan, korku dolu, kaygılı, kibirli, vesvese gibi düşük titreşim alanında titreştiğimizde ve farkında olmadığımızda, dilediğimiz her şey bu alandan gelir. İşte o yüzden, **gelene razı değilsen dileme** derim ben. İdrak etmek fark etmek demektir. Farkındalık çalışmalarım bu yüzden çok önemlidir. TEZAHÜR ETTİRMEK İSTEDİĞİN HER NEYSE ONUN SENİN YAŞAMINA GELMESİNİ DİLEDİĞİNİ BİR DİLEK İLE TEZAHÜR ETTİRMEZSİN.

Neydi tezahür ettirmek?

Tezahür ettirmek İngilizce manifestation, yani manifestasyon, Latince "manifestare" kelimesi, bir şeyi gerçeğe dönüştürmek anlamına gelen manifestare fiilinden geliyordu. Yani tezahür sözcüğünün kendisi bile EYLEM ifade ediyor. Umuda bağlı, dilemekle, istedim oldu demekle, saldım evrene gittiyle TEZAHÜR ETTİRMEZSİNİZ.

Neyseniz onu çekersiniz, gelecek olana razı olun.

Umut ettiğinizde, dilediğinizde, inandığınızda, kendi dışınızdaki bir güce bel bağlarsınız, o zaman gelecek her neyse ona razı olmalısınız. Çünkü bu alan tezahür alanı değildir. Sizler bu bilinç alanında sadece dilenirsiniz. Bir dilenci gibi beklersiniz. Elbette her dilenci gibi sizin de avucunuza bir sadaka mutlaka konacaktır. Ama sadakayı beğenmeme, başka bir şey talep etme lüksünüz yoktur. Dilediğinizde size sunulanın en iyisinin o olacağını kabul edersiniz.

Şimdi beni çok dikkatle dinleyin lütfen. Neden kalın harflerle yazıyorum bunları biliyor musunuz?

Sizi sarsıyorum şu anda. Yaşamınızın bilinçli olarak dönüşmesini istiyorsanız, öncelikle tezahürün temel yasalarını iyice idrak etmeniz gerekir.

Umudunuz, dileğiniz ve istekleriniz, tezahür ettireceğiniz niyetler değillerdir. Niyetimi belirlediğim anda artık niyetim benim geri dönülmezimdir. Olmazsa olmazımdır. Değişmeyecek varış noktamdır.

Neden?

Niyetim kararımdı. Niyetim sözümdü, niyetim kuantum alana verdiğim bir akitti. Kendime yemin ettim.

Hangi konuda?

Niyetimi tezahür ettireceğim konusunda.

Bunun için ne yaptım?

Zihin-duygu-enerjimi hizaladım. Hayal ettim, planladım, eyleme geçtim.

Buradan sonra kuantum tezahür alanı aktivedir.

Ve kuantum tezahür alanı plazmadır, akaşadır, eterdir. Var olan her şeydir. Bu kâinattır, evrendir. Bu alan canlıdır.

Ne demiştik?

Her şey birbiriyle sürekli olarak iletişim halindedir.

Zihnimi-duygumu-enerjimi hizaladım. Hayal ettim, planladım, eyleme geçtim ve ne oldu?

Dünyada bilemeyeceğim bir zaman aralığında, kuarklar harekete geçti, iletişim başladı, kuantum alan benimle iletişime geçti. Bundan sonra işin en keyifli kısmı gelir. İşaretler, eşzamanlılıklar, his yüklemeleri, içsesimle her an, aralıksız desteklenirim. Niyetim, benim kuantum alanımın tümüyle titreşim halinde olan enerjetik bağımdır. Niyetimle kuantum tezahür alanı aynı frekans değerinde olduğunda her şey ışık hızında gerçekleşir.

Kalıcı Tezahürü Sağlayacak Hakiki Eylem Adımları

1. BİLMEK
2. PLANLAMAK
3. OLMAZSA OLMAZINI BULMAK
4. EYLEME GEÇMEK
5. NE OLURSA OLSUN VAZGEÇMEMEKTİR.

Kuantum evrende tezahür,
Seçimlerden ibarettir.

Seçimlerin niyetlerindir,
Niyetlerinse kararların.

Kararını verdiğin şey inandığın şeydir. İnandığın şey bildiğin şeydir. O halde tezahür sürecini sizin için iyice netleştireyim.

1. BİLDİĞİMİ PLANLARSAM

Niyetimi Tezahür Ettirme

2. PLANLADIĞIMDAN SAPMAMAK İÇİN YAŞAMSAL NEDENİMİ BULURSAM

Niyetimin olmazsa olmazı

3. PLANIMI EYLEME GEÇİREREK ONU GERÇEKLEŞTİRMEK İÇİN NELER YAPACAĞIM NETLEŞİR

SONRA NE YAPARIM?

4. EYLEME GEÇERİM

Görünmeyeni **(NİYET)** görünür hale **(TEZAHÜR)** getirmek için vakit kaybetmem. Hemen **(ZAMAN)**

Eyleme geçerim **(ENERJİ)** vizyonum, hayalim, **(KUANTUM TEZAHÜR ALANINDAKİ KARANLIK ENERJİ)** niyetimi gerçekleştirmek için beklemektedir **(KUANTUM TEZAHÜR ALANI)**

PEKİ NE YAPACAĞIM?

Şu anda var olan kendi frekansım eğer tezahür ettirmek istediğim niyetimle hizalı değilse onu aynı frekans boyutuna hizalayacağım. Böylece niyet olarak enerjide olanı, tezahür ettireceğim, yani görünür olana çevireceğim.

İŞTE, MOTİVASYON BUDUR.

Ben her neye niyetlenirsem, o niyetimi tezahür ettireceğimi biliyorum.

O zaman gerçek motivasyonu sürdüren şey, NİYET ETTİĞİMİZ VE OLMASINI ARZU istediğimiz şeyi vizyon alanımızda iyice yoğunlaştırmamız, bir seviyeye kadar dikkatimizde tutmamız ve sonra bu niyet için eylemde olmamız gerektiği fikridir. NİYETİMİ TEZAHÜR ETTİRECEĞİMİ BİLİYORUM.

Niyet etmenin; umut etmekten, inanmaktan, dilemekten farkı, tam da budur işte.

Sevgili dostlar, tezahür ettirmek bir ustalıktır diyorum hep. Sebebi, inanmaya, dilemeye, arzu etmeye, umut etmeye ya da şansa dayalı tezahür diye bir şeyin olmadığını anlamanızdır. Bir kez bu inancınızı çöpe attığınızda, tezahürün bilinçli yöneticisinin siz olduğunuzu anlayacaksınız.

Kuantum Tezahür Alanında Siz Varsınız

Burası sizin özgür seçim ve tecelli alanınız. Tezahürün bu boyutu şimdilik sizin için başka bir boyuttur. Bu boyuttaki bir tezahür ustalığına elbette varacaksınız, merak etmeyin. Adım adım, deneyimlemediğiniz hiçbir şeyi tezahür edemeyeceğiniz için öncelikle ***Niyet Ettiğiniz Tezahürünüz*** üzerinde kontrol sahibi olmanın inceliklerini öğrenelim. Böylece eylemsel ilkeden yararlanmaya da başlarsınız. İşte o zaman Kuantum Tezahür alanına gireceksiniz.

TEZAHÜR ETTİRMEK İÇİN EN İYİ İPUÇLARI

Bölümün başlığından da anladığınız üzere, istediğiniz her şeyi tezahür ettirebilirsiniz. Temel evrensel yasalar tezahürde devrededir.

Bilinçle Niyet Edin

Kader ya da karma dediğimiz kavram burada da devrededir. Temel yasa şudur: Bilinçli ya da bilinçsiz her şeyi kendiniz için tezahür ettirebilirsiniz. Kuantum Tezahür alanı iyi ya da kötü bilmez. Siz niyetinizde çok para istiyorum dersiniz, ama bunu detaylandırmadığınızda babanızın ölümü sayesinde size çok para kalabilir. Bu size acı getiren bir niyet tezahürüdür değil mi? Karmadır. Karma yasasının ne olduğunu bilmeyen nice insan, ne tür niyetleri tezahür ettirdiklerini bilselerdi yapmazlardı. En azından siz şimdi öğreniyorsunuz. Karma...

Karma Yasası

Size ait olmayan kadersel planlara müdahale edemezsiniz. Kuantum Tezahür alanı, bir türlü unutamadığınız eski sevgilisini eşinden ayırmaz ya da sinir olduğunuz patronunuzun tüm servetini üstünüze almanızı sağlamaz.

Özgür irade alanı sadece sizin kuantum alanınızdır. Bunun dışında kimsenin rızkına, kaderine, akışına müdahale etmeyeceğiniz alanlarda tezahür ettirebilirsiniz. Tezahür ettirmek istediğiniz niyetiniz, kimseye zarar vermediği veya iradesine karşı gelmediği sürece her niyette çalışır. Süreç aynı kalır; aşkı, daha fazla parayı, daha iyi bir sağlığı ya da sadece yeni bir arabayı tezahür ettirmek istemeniz fark etmez. Eğer siz kendi çıkar, hırs, istek ya da arzularınız için müdahalelerde bulunursanız, yine başta söylediğim gibi Kuantum Tezahür alan akışında kendinize biçilen yansımayı yaşarsınız. Buna da Karma Yasası denir. Kuantum Tezahür alanınıza zarar veren, sizin farkında olmadığınız takıntılarınıza, inançlarınıza da inmemiz gerektiği anlamına gelir bu.

Arzular, istekler bazen bu alanda, eteğimizden çeken küçük iblislerdir. Siz bu iblisleri de fark ederek temizlediğinizde, sizi hiç sevmemiş ve terk etmiş eski sevgilinize duyduğunuz o takıntı ya da arzunun kaynağını da anlayarak, bütünsel boyutta temizlenirsiniz.

Şaşırdınız mı?

Şaşırmayın, çünkü hayatınızın her alanının kendine özgü incelikleri vardır. Örneğin bolluğa dair inançlarımız ve bunlara ait sınırlayıcı enerjimizin oluşturduğu engelleyici alanların, hepsinin nitelikleri farklıdır. Bu sebeple para, sevgi veya sağlık tezahürüyle istediğiniz çok farklı olabilir. Aynı şey, almanız gereken ilham verici eylemler veya kullanmak istediğiniz araçlar için de geçerlidir.

Niyetlerinizi hayatınıza kolayca tezahür ettirmenize yaraması için kitabın üçüncü bölümüne özel çalışmalar yerleştirdim. Eğer belirli bir niyetinizi nasıl tezahür ettireceğinizi öğrenmek istiyorsanız, doğru yerdesiniz.

Deneyimlemediğim hiçbir şeyi hayal edemiyorsam, hayal ettiğim her şeyi zaten deneyimledim. Yani ona sahip olabilirim. Yani TEZAHÜR ETTİREBİLİRİM.

Bu hayal ettiğim şeyin büyüklüğüne bağlı olarak biraz zaman alır sadece. *Niyet metafizik alanda kendiyle benzer enerjilerle eşleşmek için çalışmaya başlar. Böylece tezahüre, yani maddeye dönüşecektir. Yukarıda bilinçte var olan her ne varsa aşağıda da öyle vardır, görünür olur.*

Dikkatimizi verdiğimiz şey neyse, enerji oradadır. Enerjimizi yönelttiğimiz alanla ilgili bilinçli bir farkındalığa sahip olduğumuzda, neyi yaşadığımızı da anlayacağız. Her birimiz düşüncelerimizi, inançlarımızı ve duygularımızı tamamen niyetimizle odaklı, planlı olarak kontrol edebilirsek, dünyanın nasıl şekillenebileceğini bir hayal edin.

Eğer hepimiz koşulsuz sevgi, barış ve birlik üzerinde odaklanırsak, dünya buna yanıt verir. Karma Yasası'nı öğrendik, şimdi de tüm yükleri ve inançları, düşük titreşim alanından niyetlerimizle hizalı frekans alanlarına uyumlamak için diğer yasaları da biraz inceleyelim.

Kuantum Tezahürü'nün temel yasaları:

- Tekabül Yasası
- Çekim (Benzerlik) Yasası
- Titreşim Yasası

Bu yasalar, niyetinizi gerçekleştirmek için gereklidir. Çekim Yasası'nı kullanabilmek için diğer iki yasayı anlamalısınız.

TEKABÜL PRENSİBİ

-Evrensel Karşılıklılık İlkesi-

Tekabül Prensibi veya Karşılıklılık Prensibi, Hermetik felsefenin temel öğretilerinden biridir. Bu prensip, evrenin farklı düzeylerindeki fenomenler arasında her zaman bir karşılıklılık ilişkisi olduğunu açıklar.

Hermetik Karşılıklılık Prensibi, Hermetik felsefede öne çıkan temel bir ilke olan Tekabül Prensibi'ne göre, evrenin her seviyesinde, makrokozmostan mikrokozmosa kadar, varlıklar arasında bir karşılıklılık ve uyum vardır. Modern bilim, kuantum fiziği aracılığıyla bu ilkeyi doğrulamaktadır. Kuantum fiziği, atom altı dünyada her şeyin gözlemciye bağlı olarak nasıl davrandığını inceler. Bu, bilincin ve gözlemin madde üzerindeki etkisini gösterir. Gözlemci ne beklerse, onu elde edebilir. Bu da Hermetik Tekabül Prensibi ile uyum içindedir.

Bohm'un Gizli Düzen Teorisi, hologram kuramı, bütünün parçalarının, bütünün bir yansıması olduğunu öne sürer. Her parça, bütünün bilgisini içinde taşır. Evren'in her noktası, tümünün yansımasıdır ve her noktada aynı bilgi potansiyeli vardır.

Tekabül Prensibi, birlik ve bağlılığı vurgular. Tüm varlıklar birbiriyle ilişkilidir ve birbirine bağlıdır. Her şey birbiriyle uyum içindedir. Dolayısıyla bireysellik, kendine saklama, bencillik ve sahiplenme enerjilerinin frekansı bu boyutta işlememektedir. Evrendeki her bir birimin birbiriyle olan uyumu, evrensel dengeyi sağlar. Her şey birbiriyle ilişkilidir ve birlikte hareket eder. Tekabül Yasası, insanların ve evrenin derin doğasını anlamalarına yardımcı olur.

Niyet ve tezahürün formülü:

ZİHİN=DUYGU=ENERJİ

Zihin Nedir?

"İnsanda anlayış, kavrayış, algılama yetisi. Deneyimlerden aktarılanları, yaşantılarla öğrenilenleri, bunların geçmişle olan bağlantılarını bilinçli olarak kafada saklama gücü, muhakeme yeteneği, kıyaslama yeteneği, analiz etme yeteneği, bellek" deniyor genel tabiriyle.

İnsan zihni belirli kavramları kaydederek tanımlı bir evrende yaşamayı sever. Temel güdüsü, yaşamını güvenli şekilde sürdürmek olduğu için bilinmezlik ve değişiklik olmadan yaşamak ister. Şüpheye düşmeyi sevmez. Mutlak bilmeye tutunmuştur. Ancak gelişim için bu mümkün değildir. Çünkü gelişim süreklidir. Bilim dünyasında, fizik, matematik, astrofizik, astronomi, tıp dünyasında mutlak gerçek denilen bazı bilgiler bile çöpe atılırken, insanların inandıkları şeye körü körüne bağlanarak, "Ben böyle öğrendim, bu böyledir" diye saplanıp kalmaları zihinselliğin negatif çukuruna düşmelerindendir. Zihninin sürekli gelişmek, değişmek ve dönüşmekle yükümlü olduğunu, bunun aksi yönde çalışıyorsa eğer sizi prangalarla tutsak ettiğini söylemek zorundayım.

Doğadaki bir başka yasa entropi yasasıdır. Doğan, var olan her şeyin çürümeye, eskimeye, ölmeye, yani yok olmaya yazgılı olduğunu söyler bize. Zihinsel yaşamlarının kendilerine kurduğu hapishanelerde yaşayan insanlar, çürümeye mahkûmdur demek isterim. Elbette entropinin önüne geçemeyiz, ama süreci yavaşlatabiliriz. Varoluşu deneyimledikçe, zihnin otomatik pilotunu devre dışı bırakıp, kendi kontrolümüze alırsak, şartlanmalardan özgürleşiriz.

Kuantum Tezahürü'nün en büyük düşmanı zihindir. Çünkü zihin anda değildir. Zihin geçmişin ve geleceğin tutsağı bir robottur.

Zihin düz bir çizgide ilerler, geçmiş ve gelecek kavramları arasında limitli bir boyutta sıkışmıştır. Boyutsuz, zamansız değildir, ayrıca sadece eylemseldir. Zihinsellik daha çok sol beyin lobunun özelliğidir. Sol beyin lobu, vücudun sağ tarafını (organlarını) yönetirken, sağ beyin lobu vücudun sol tarafını kontrol eder. Sol beyin lobu, matematiksel işlemlerde başarılıdır, sebep-sonuç ilişkilerini iyi kavrar, analitik düşünme yeteneğine sahiptir ve kelimelerle, sayılarla, sembollerle ilgilenir. Sol lob, mantıksal bir perspektife sahiptir, maddi dünyaya odaklanır, sonuçlara ulaşma amacındadır, şüpheci bir tavır sergiler ve rekabetçidir.

Sol beyin, genellikle eril özelliklere sahiptir. Ancak, bu özelliklerin yanı sıra zayıf ve karanlık yönleri de bulunur. Sol beyin, eğitimden yönetim şekillerine kadar toplumsal iradeyi ve bilinci şekillendiren bir etkendir. Ayrıca sol beyin, bireysel enerjiyi temsil eder ve kendini her şeyden ayrı ve bağımsız görme eğilimindedir. Sol beyin, somutluğa inanır, görmediği şeylerin var olmadığını düşünür ve her şeyin bir sebep-sonuç ilişkisi içinde olması gerektiğini savunur. İnsanlık tarihine baktığımızda, antik uygarlıkların küçük kabileler olarak yaşadığı eski dönemlerde, topluluk yönetim şekillerinin ve insanların yaşam tarzlarının tamamen farklı olduğu görülür.

Doğanın döngülerine uyumlu bir şekilde yaşayan ve kendini doğanın bir parçası olarak gören atalarımız, kolektif bilincin, dişil enerjinin ve sağ beyin lobunun etkisine bağlı yaşarlardı. Sağ beyin, kolektif bilincin, birliğin ve kabile ruhunun enerjisini temsil eder. Sağ beyin lobu, sezgisel bir yaklaşıma sahiptir, ruhsal deneyimlere duyarlıdır, süreçleri deneyimler, teslimiyetçi bir tutuma sahiptir, alıcıdır ve paylaşımcıdır, ancak zamanla, insanlık sağ beyinden sol beyne evrildi ve bu durum başta kadının yaşam haklarının elinden alınarak ikinci sınıf insan olarak yüzyıllardır bastırıldığı ataerkil sistemi, buna bağlı olarak maddeye, güce bağımlı, rekabet ve güç odaklı bireysel bir insan profili oluşturdu.

Varoluşun temel yasası denge olduğu için, denge bozulduğunda yaşam eksik kalır, bu da kaçınılmaz olarak sorunlara yol açar. Sol beyni baskın bir toplumda yaşadığımız için bu anlattıklarım size yabancı gelmemiştir. Ancak kendi zihinsel hapishanelerinde yaşayanların bilmesi gereken en önemli şey, Çekim Yasası'nın onlar için de işlediğidir. Bilinçaltında temizlenmemiş hisler çöplüğü, bu çöplüğün yarattığı temel inançlar, bu inançların Kuantum Tezahürü ise, inandıklarınızdır. Kendisi ve çevresi için en doğrusunu bildiğini sanan, mutlak doğru bağımlısı, çürümeye mahkûm bir zihin, kontrol etmekten başka bir şey yapmaz. Dolayısıyla akış burada zaten yoktur. Tekrar hatırlayacak olursak, İNANDIĞIM, GERÇEĞİMDİR. Evet Kuantum Tezahürü bundan başka bir şey değildir. Neye inanıyorum?

İNANÇLARIM GERÇEĞİMDİR

-Paradigmaları Yıkmak-

Sevgili dostlar, biz sınırsız bir bolluk âlemi içindeyiz. Sadece aksine inandırıldık. Bizler bu inancın ne olduğunun bile farkında olmadan kuşaklarca dünya üstünde yaşayan bir topluluğuz. Zenginlik ve bereket bilinci o kadar kapalı ki bizler evinin eski, kirli, çöp içindeki salonunda aç biilaç, yırtık pırtık oturan insanlar gibiyiz. Ama aslında evimizin arka odasındaki kilitli kasamızda paralar, mücevherler olduğunun farkında değiliz. Kıtlık bilinciyle yaşayan insanlar bana aynen böyle geliyor. Ama asla kendinize kızmayın. Çünkü dünyanın geri kalan kısmı gibi siz de kıtlık bilincine daha doğmadan kodlanarak geldiniz. Size hep çabalamanız gerektiği öğretildi. Size çok çalışırsanız zengin olabileceğiniz öğretildi. Toplumumuzda çok insan çok çalışıyor, hatta çok fazla çalışıyor. Çevremdeki pek çok kadın, çok ama çok çalışıyor. Hepsi hayatlarında yüklendikleri, boylarını aşan, üstlerine çöken ağır sorumluluklardan bunalmış durumdalar. Hedeflerine niyetlerine gitmek istedikleri yere asla ulaşamıyorlar. Bu, onlarda "Ne yaparsam yapayım ilerleyemeyeceğim" düşüncesini uyandırıyor.

Neden herkes kendini "ben" olarak algılıyor? Bu "benlik" hissi nereden geliyor?

Niyetin kararındır demiştim, karar değişmez. Dilek değişir, umut tükenir, inanmak muğlaktır. Ama niyet sizin sapasağlam limanınızdır. Sizi dışarı çıkarıp savaşmaya itecek şey nedir? Olmazsa olmazın nedir? Sizi ayağa kaldırıp içinde bulunduğunuz durumdan çıkaracak olan nedeniniz nedir?

Dünyanın en güçlü, en başarılı, zengin ve üretken insanları her ne yapıyorlarsa bu başarıya sahiplerdir. O gücü ve serveti korumanın sırrı nedir diye büyük bir grupla çalışma yapılmış. Çalışmanın sonucunda dünyanın en güçlü, en başarılı, en zengin ve üretken insanlarının 6 temel prensibi bulunmuş. İşte o 6 temel prensip, niyetlerimizi tezahür ettirmenin de anahtarıdır aynı zamanda.

- Gereklilik
- Netlik
- Enerji
- Üretkenlik
- Etki
- Cesaret

Şimdi anlıyorum ki her ne kadar kaybolmuş, çaresiz, yalnız, zayıf veya korku dolu hissedersek edelim, aslında tek bir düşünce bile, karanlığa bir kibritle ışık olacak. Bu sebeple zihnimi temizlemem, kontrol altına almam gerekli.

Niyet ve Tezahürün Formülü

ZİHİN=DUYGU= ENERJİ

İlk elementimizi, zihnimizi anladık, zihin nasıl çalışıyor, zihin bize neler ediyor? Bilinçaltımıza kodlanmış sayısız yaşam deneyimimizi kendince etiketliyor, arşivliyor. Bilinçaltımıza kaydedilen deneyimler, duygulara dönüşüyor. Gerektiği durumlarda referans olarak kullanılıyor. İşte bu da enerjidir.

Zihninizle duygunuzu oluşturdunuz, duygunuz ise dikkatinizi verdiğiniz yer oldu, dikkat nerdeyse enerji oradaydı. Dikkatiniz neredeyse enerjiniz oradadır. Enerjinizi dikkatinizle yönlendiriyorsunuz.

İdrak etmek ve kavramak çok önemli.

Mantıklı zihninizi duygularınızla ve enerji alanınızla eşitlerseniz, gerçekleştiremeyeceğiniz şey yoktur.

Zihin, Duygu, Enerji

Niyetinizin tezahüründe bir sorun varsa bu alanlara bakmak gerekir. Bu iç alanda ilerlemenizi engelleyen şeyler ne? Zihninizde, duygunuzda ve enerjinizde ne var?

Tezahür enerjisine kendimizi açarken, aynı zamanda buna engel olan ve bizim göremediğimiz ne varsa hepsini temizlemek için çalışacağız. Ayrıca farkında olmadığımız en önemli etmenlerden biri de çevremizdir.

Nasıl bir çevrede yaşıyorsunuz?

Sizi yükselten bir çevrede mi?
Enerjinizi aşağı çeken bir çevrede mi?

Çevre her şeydir. Geliştirici pozitif ortamda mı yaşıyorsunuz yoksa tam tersi mi?

Mekânınızın, yaşam alanınızın enerjisi sizi yavaşlatabilir, enerjinizi ve titreşiminizi aşağıya çekebilir.

Ben yüksek bir titreşimsel alanda kalabilmek için ne yapacağım diye düşünebilirsiniz. İçinde olduğum çevreyi beğenmiyorsam genişletebilirim. Değiştirmeme gerek yok, enerji alanımı genişletirim. Kendi titreşim alanımı içinde olduğum alana yansıtırım.

Siz de titreşiminizi yükselttiğinizde her şey değişecektir. Bir ışık olduğunuzda karanlık biter. Siz karanlığa ışık olacaksınız.

Sevgili dostlar buraya ne için geldiğimizi hatırlayalım. En önemli mantramı sizlerle paylaşacağım. Lütfen kendinize yüksek sesle bu cümleyi tekrarlayın:

İÇİMDEKİ IŞIK ÇEVREMDEKİ KARANLIĞA ÇÖZÜMDÜR. Hayat amacınızı bir kez anladığınızda ışığınız açılır, çevrenizi aydınlatan bir iyilik gücü olursunuz. Sonrasında her şeyin niteliği değişir. Enerjiniz ve frekansınız saflaşır. Çünkü frekansınız, kim olduğunuzla ilgilidir, siz sevgi enerjisine köklenip merkezlendiğinizde, tamamen kaynağa hizalı olursunuz. Yani sonsuz alana.

Bu alan yüce yaratıcı alanıdır. Bu frekans kaynağın frekansıdır. Her şey değişir.

Şimdi benimle şu çalışmayı yapın lütfen:

Çevresel Enerjileri Dönüştürme Çalışması

Bir kez çevresel enerjileri temizleyip dönüştürürsek, sonrasındaki aşamaya çok daha kolay varırız. Tezahür sürecinizi olumsuz etkileyen çevrenizdeki tüm enerjileri temizleyebiliriz. Vereceğim çalışmayı kulaklığınızı takarak, rahatsız edilmeyeceğiniz bir mekân ve zaman diliminde yapın lütfen.

Hoş geldiniz. Bu çalışmayı dilediğiniz kadar yapabilirsiniz. Sonrasında *Manifest Günlüğü*'ndeki farkındalık sorularını cevaplayarak yazın lütfen.

Hayat Amacını Keşfetmek

Giriş bölümünde size kendi hikâyemi anlatmıştım. Yaşadığımız her olay ya da karşılaştığımız her kişi bize bir mesajla gelir. Biz her ne kadar kaybolmuş, çaresiz, yalnız, zayıf veya korku dolu hissedersek hissedelim aslında tek bir düşünce tüm bu karanlığa bir kibritle ışık olabilecek güçte.

Kim olduğumuzu anlamak. Dünyadaki yerimizi anlamak ve neden burada olduğumuzu anlamak, Kuantum Tezahürü'nü bizler için hızlandırır. Bütün bunlar bizi bir yere, hakiki yola yani hayat amacımıza yöneltir.

Hayat amacı nedir peki? Benim hayat amacım, beni en çok mutlu eden şeydi. O da başkaları için çalışmak... 2007 senesinde kurduğum ilk kişisel girişimim Aisha Aromaterapi ürünlerinin tanıtım metinlerinde kullandığım Rahibe Teresa'nın şu meşhur sözü benim de hayat amacımdı: **Başkaları için yaşanmayan hayat, hayat değildir.** Benim inandığım şeyler aynı zamanda hayat amacımın da içindeydi. Niyetlerimin tezahürü bu noktadan sonra ışık hızında olmaya başladı. Daha önce belirttiğim gibi, niyet karardır ve değişmez. Dilekler değişebilir, umutlar tükenir, inançlar muğlak olabilir. Ancak niyet, sarsılmaz bir limandır. Bir karar verdiğimizde, beyin hemen değişmeye başlar. Nöronlar ateşlenir, niyetimizin vizyonu zihnimizde belirir. Bu vizyon, aslında zaten sonsuz kuantum alanındaki tezahürümüzdür. Benim için hayat amacımı keşfetmek, inancımı pekiştirdi. Hayat amacım, niyetimdi ve niyetim bir karardı. İşte bu karar, 2005 yılında kurduğum aromaterapi markamın doğuş süreci olabilir ya da 2013 yılında boşandıktan sonra yeni bir kariyer inşa etmeye çalışırken yaşadığım tüm zorluklara ve engellere rağmen devam etmemi sağlayan güç olabilir. Bu karar, her gün uğruna savaşabileceğim bir şey verdi. **UĞRUNA SAVAŞACAK ŞEYLERİN TÜMÜ HAYAT AMACIMIN İÇİNDE YER ALIYORDU.** Benim amacım, niyetlerinizi tezahüre dönüştürerek refah içinde yaşamanıza katkıda bulunmaktır.

Lütfen anlayın, bunlar sadece hayallerim, dileklerim veya isteklerim değildi. Bunlar benim vazgeçilmezlerimdi.

Kararımı verdiğimde, tüm sinir sistemimde biyolojik değişim başlar, Kuantum Tezahür'de de değişim başlar. Tüm ayna nöronlar ateşlenir. Niyetimin vizyonu zihnimde belirir. Bu vizyon sonsuz kuantum alanında, frekansımın yansımasından başka bir şey değildir. UĞRUNA SAVAŞACAK BİR ŞEYİNİZ OLMALI.

Siz ne için savaşırdınız? Hayaliniz var mı, ne güzel. Ama bir hayalinizin olması tezahür için yeterli değil, üzgünüm ama sizi kandıramam.

Umut mu ediyorsunuz, beklemeye devam edeceksiniz demektir. Evrenin temel yasalarından bahsediyorum sevgili dostlar. Zihinsel ve enerjisel olarak sizin devam edebilmenizi sağlayacak yakıt başka.

Tezahürün temel yasaları neydi?

Tekabül Yasası, içeride ne varsa, dışarıda da o vardır.

Çekim Yasası (Benzerlik Yasası), benzer benzeri çeker.

Titreşim Yasası, hiçbir şey durmaz her an titreşir.

Bu üç yasa hayalinizin neden işe yaramayacağını göstermekte. Evrenin tezahür yasaları için gereken şey hayal etmekten, dilemekten ya da evrene salmaktan çok farklıdır. Çekim Yasası'nı devreye alabilmeniz için öncesinde sıraladığım yasaları da anlamalısınız.

İnanın ukalalık, bilmişlik etmek niyetinde değilim. Kendinizi kötü hissetmenizi de istemiyorum. Evrensel Tezahür Yasaları'nın ne olduğunu sizlerle paylaşıyorum. Tek niyetim, sizlerin de, her anlamda refah içinde yaşamanız. Böyle bir dünyanın bilinçli kurucularından olarak hizmet veriyorum. Her bireyin doyumlu, tam, bütün ve müreffeh yaşamasını istiyorum Bu sebeple çalışıyorum, bu kitabı da bu sebeple yazdım. Kızımı okula yollayıp her sabah 08.00'den akşam 18.00'e kadar, hatta tatil günlerimde bile aralıksız bu kitabı sizlere yetiştirmek için emek verdim.

Neden?

Çünkü benim inancım=niyetimdi.

Niyetim=kararımdı.

Kararım=dünyaya refah bilincini getiren elçilerden biri olmaktı.

Çözümüm=eylemlerimdeydi.

Eylemlerim=hizmetlerimdi.

Hizmetlerim=seminerlerimle ve kitaplarımla size ulaşmaktaydı.

Şimdi bu kitap elinizde benim sizin için açtığım bu yepyeni farkındalık alanında yaşamlarınıza Kuantum Tezahür alanının sonsuzluğunu alıyorsunuz. Benim de bir zamanlar sizler gibi olduğumu asla unutmayın. Bu safhaya, yaşamımı değiştiren pek çok olayı anlama sürecimle ve yorumlamamla geldim.

Kıtlığın karşısına getireceğiniz somut bir inanç olmadığı müddetçe, **hayatıma sonsuz bereketi çağırıyorum** diye yüksek sesle bin kere söylemenin bir anlamı olmadığını anlamış olmalısınız. Bu bir enerjetik alandır, bu bir bilinç seviyesidir. Bunu deneyimlemeyen, burada bulunmayan birinin size bu bilinci tarif etmesi imkânsızdır. Derinleşemeyen, vecit halinde, kaynakta olmayan, karanlığı bilmeyen, onunla yüzleşmeyen sadece geçici, yüzeysel öneriler verebilir. Uzun vadede bir faydası bulunmaz. Anlamanız gereken en önemli şey şu: **Siz başka bir şeyden, başka birinden bir şey istemiyorsunuz, siz sizde olmayan bir şeyi istemiyorsunuz.**

Siz başka birinden bir şey istemiyorsunuz. Siz, sizde olmayan bir şeyi istemiyorsunuz. Her şey niyetimizle sonsuz berekete, refaha, bolluğa bağlanabilir. İşyerimizde, evimizde ve hislerimizde refahı ve esenliği deneyimlemek, en doğal yaşam hakkımız. Ancak bize böyle öğretilmediği için, sağlık, refah, bereket, aşk gibi kaynağa ait her konuyu, sol beyin odaklı, yani zihin odaklı bir merkezden yönetiyoruz.

Sevgili okurum, tekrarlamaktan asla vazgeçmeyeceğim, evren, bizi bize ayna gibi yansıtan devasa bir varlık ve fraktaller şeklindedir, yani birbirini tekrar eden desen benzerliği (örüntü) içindedir, yani matematiksel olarak şablon bir dizilimler silsilesi şeklindedir.

Çoğu insanın "gelecek" dediği şey, aslında sürekli bir akışın içinde olan, devam eden şimdiki anın bir uzantısıdır. Zaman, çok boyutlu, katmanlı ve hem evrensel hem de kişisel olarak her yöne yayılan sonsuz bir formla örülmüştür. Zaman düz değildir. Geçmiş ve gelecek, küresel bir alanda iç içe geçmiş sonsuz bir alandır. Hologramdır ve holotropik olarak sonsuz alanlara dağılan dallardan oluşur ve her dal, belirli bir dizi seçeneği temsil eder. Bizi büyük bir kaderin yoluna götüren tek bir gelecek yolu yoktur. İnsanlar genellikle tek bir düz çizgide ilerlediklerini düşünürler, ancak gerçek bu değildir. Hayatınız boyunca erken kalktığınız anlar, geç kaldığınız anlar, sola döndüğünüzde sağa dönmüş olmanız, bilinçli veya bilinçsiz yaptığınız tüm seçimler, bu organik, sürekli hareket eden bir alanda her yöne ve her boyuta ilerlemenize veya geri gitmenize neden olur.

Hiyerarşi, yukarıdan aşağıya veya yüksekten düşüğe doğru bir sıralama içermez. Tek bir boyut veya tek bir kader tanımlamak mümkün değildir.

Bu seçimlerin hepsi kuantumdur ve her biri benzersiz deneyimlere yol açar.

Evren, holografik, çok boyutlu, boyutlar arası bir desenler ağıdır. Bu desenler ağına, kuantum örüntü denir. Fraktaller şeklindedir, matematiksel olarak da dizilimler içindedirler. Bu dizilimler Fi sayısı, Pi sayısı gibi evrenin temel matematiksel kodlarının temelleridir. Bu sebeple, anlamanız gerekir ki, hayat tesadüfen ortaya çıkmaz; hayatımız, yaptığımız seçimlerin üstüne inşa edilir. Her seçim, bizi farklı bir potansiyele taşır ve herhangi bir anda bakış açımızı veya düşünce tarzımızı değiştirerek yönümüzü değiştirebilir, farklı bir boyutsal gerçekliğe geçebiliriz.

Biz kuantum deneyim alanında çalışanlar, geleceğin, onu yarattığımızda var olduğunu biliriz. Bu, farkındalıkla ilgilidir ve mevcut yaratıcı fırsatları her an tanımamıza yardımcı olur.

İşimizle ilgili hislerimiz, düşüncelerimiz ve inançlarımız bu farkındalığı besler. Kuantum alandaki inancımız, geniş bir yelpazede inancımızın tezahürünü sağlar. Siz, enerjiniz, ışığınız ve titreşiminizle şimdiki gerçekliğinizi şekillendirirsiniz ve hiçbir şey tesadüf değildir.

Sizin İşiniz

İşiniz Kuantum Tezahür alanında her nanosaniye içinde tezahürün gerçekleştiğini bilen biri olarak geminizin dümenini yönetmenizdir. Dikkatiniz nerdeyse, enerjiniz oraya akacaktır. Enerjinizi yönelttiğiniz şeyi fark etmek, sonrasında niyetinizin navigasyonuna sokarak onu yönetmek, işinizdir. Şimdi enerjinizi bir su deposu gibi düşünün. Siz bu su deposunu neyle dolduruyorsunuz? Deponuz temiz değilse, sterilize edilmemişse, temiz bir kaynaktan suyu almamışsa, su uzun zamandır kullanılmamışsa, deponuzdaki suyun hastalık saçacağını bilirsiniz. İşte zihniniz de atıl, pis, bakımsız bir su deposu gibidir.

Sürekli kendini tekrarlayan döngüleriniz mi var? Enerjinizi çeken, sizi üzen, gücünüzü alan, hayal kırıklığı yaşatan ilişkiler mi deneyimliyorsunuz, başarısızlıkla sonuçlanan iş girişimleri, kariyer atılımları mı yapıyorsunuz? Yaşamda doyumlu, yetkin, başarılı, güvenli, kendinden memnun bir yerde asla olamama hali içinde misiniz? Heyecanla not alınan ama asla hedefine ulaşmayan yeni yıl kararları, yeni yaş kararları, yeni haftanın motivasyonları, her defasında başa döndüğünüz döngüler, başkalarının yaşamlarını gıptayla izliyor olmanız, kendinizi suçlayan bir içsesle yaşam döngüsü içinde olmanız, işte bunlar yer alıyorsa deponuzda, suyun hastalık üreteceğini tahmin etmek zor olmaz değil mi?

Ama biz artık bu depoyu değiştirmek istiyoruz. Depomuzu boşaltıyoruz, temizliyoruz. Taze, temizi besleyici bir su kaynağı buluyoruz kendimize, depomuzu taze ve temiz suyla dolduruyoruz.

Peki su nedir?

Su bizim niyetimizdir.

ZENGİNLİK BİLİNCİNE AÇILMAK

"Bolluk zihniyeti, insanın kendisine verdiği köklü değer ve güven duygusundan doğar. Bu, herkes için her şeyden yeterince olduğunu varsayan görüş açısıdır."

– Stephen Covey

Zenginlik bilinci, kuantum yasaları gereği evrenin bolluk olduğunu, bizim de bolluk içinde olduğumuzu hatırlamamız ve yaşamlarımızı bu frekansta yaşamamızla ilgilidir. Evren kuantumdur, kuantum %99 alandır, bolluktur. İnsan zihni ise kıtlık bilincine kodlanmış, tüm şifanın, bereketin, zenginliğin bizim dışımızdaki bir şeyden bizlere verileceğine inandırılmıştır. Bu inanca sıkıca sarıldığı için, şansa, umuda, duaya ya da dilemeye dayalı, zenginliği sadaka gibi almaya kodlanmış üç boyut realitesinde tutmaktadır bizi.

Bizler atalarımızdan miras kalmış, DNA'mıza nakşedilmiş kıtlık bilinci bilgisini kalıcı olarak silecek ve tek gerçeğimizle değiştireceğiz. Gerçeğimiz, sağlıklı, iyi, mutlu, özgür, bağımsız ve refah içinde olmaktır. Bu, Kuantum Tezahür alanındaki tek frekanstır. Her varlığın doğal yaşam hakkıdır ve hakikattir.

Zenginlik bilinci yolculuğumuzun özünde anlaşılması gereken en önemli şeydir. Yaşamsal gerçek, doğal olarak bollukta olduğumuzdur. Evrenin gerçek enerjisi bolluktur ve aslında, sol beyin odaklı yaşam yani eril zihin bizi başka türlü inanmaya zorlamıştır. Kaynaktan koptuğumuz için, ayrılık bilinci içinde, yoklukta tek başımıza ve çabada olmamız gerektiğine inandırıldık. Bu yüzden paranın özgürlüğümüz için bir kefaret olduğuna inandırıldık. Paranın özgür olmamızı sağlayan bir konfor nesnesi olduğuna inandırıldık. Halbuki, para bir enerjidir. Parayla ilgili farkında olmadığımız bilinçaltı inançlarımız, parayı kutsallaştırmış ya da sefilleştirmiş durumdadır ki aslında bunlardan hiçbiri değil.

1. Çocukluğunuzdan beri para kazanmak sizin için ne anlama gelir?

    A) Para zor kazanılır.

    B) Para sahibi olsam bile elimde kalmaz.

    C) Çok para sahibi olanlar kötüdür.

2. Para kazansanız bile bunu kalıcı bir servete dönüştüremez misiniz?

3. Bir servet sahibi olmak ve yönetmek için çok çalışmanız ve size keyif veren her şeyden kendinizi mahrum ederek yaşamanız gerektiğini mi düşünüyorsunuz?

4. Bir servet sahibi olmak ve yönetmek için sevdiklerinizden taviz vermeniz, fedakârlık yapmanız gerektiğini düşünenlerden ya da bunu yaşayanlardan mısınız?

5. İhtiyacınız olan paranın ya da zenginliğin size kolaylıkla gelmeyeceğine, para kazanmak için hep çabada olmanız gerektiğini düşünenlerden misiniz?

Sorulara evet dediyseniz, parayla, zenginlikle ve servetle ilgili bilinçaltı negatif inanç şablonlarınız bulunmaktadır. Bu şablonlar çocukluğunuzdan itibaren yetiştiğiniz ortamdan, büyüklerinizden farkında olmadan aldığınız değerlerin ve duyguların oluşturduğu bir şablonlar dizisidir. Tüm bu şablonlarla serveti, parayı bizden iten bir duygusal çöplük içinde yaşarız. İşte bu alanlar temizlenmesi gereken alanlardır. Bu alanlardaki inançlar, farkında değilsek bizi bir kukla gibi oynatır. Bunları fark etmenin, vedalaşmanın ve derinlemesine kazıyarak temizlemenin en etkili yolu yazıya dökmektir. Farkındalığımızı artıracak, berekete ve sonsuz potansiyelimize ulaşmamızı sağlayacak teknik, bir günlük edinerek sistemli şekilde yazmaya devam etmektir. Böylece bilinçaltı temizliğinizi oldukça etkili bir şekilde yapmış olursunuz. Bu süreçte bilinçaltınızdaki işe yaramaz inançları temizlemek için bir kazıya başlamanız gerekir. Bu tekniğe bilinçaltı kazı tekniği denir.

Bilinçaltımızda yer etmiş, inatçı inançlarımızı fark etmek ve temizlemek çok da kolay olmayabilir. Dolayısıyla bu süreçte, bir günlük tutmanızı istiyorum sizden. CEO'lardan şirket sahiplerine, girişimcilerden, parayla çalışan herkesin faydalandığı, finansal koçların çok kullandığı bir sistemden söz ediyoruz. Bunun için elbette günlüğe ihtiyacınız var.

Zenginliği istiyorsunuz, parayı istiyorsunuz, finansal açıdan hedefleriniz varsa ve hâlâ tembellik ediyorsanız para için dilenmeye ve çok çalışmaya devam etmek zorundasınızdır.

Öncelikle farkındalık çalışmasına ihtiyacınız var. Bu iş dolar banknotlarının görselini telefon ana ekranınıza yapıştırmaktan farklıdır, bizlerin tekniği şansa bağlı değildir, eyleme dayalı tezahür tekniğidir. Kalıcı servet sahibi olmak için, gelecekte çocuklarımıza bırakacağımız mal varlığı, arsa, emlak gibi büyük planlar için bu farkındalık çalışmalarını yapacağız.

Biz günü kurtarmak, üç beş kuruş kazanmak için bir totem yapmıyoruz. Biz serveti kazanmak, korumak ve üzerine eklemek için çalışacağız. Bu sebeple, parayla ilgili duygularımızı hissetmemiz, zenginlikle ilgili var olduğundan bile haberdar olmadığımız karanlık alanlarımıza tüm dürüstlüğümüzle açacağız kendimizi. *Manifest Günlüğü*'nüze veya günlüğünüze tüm bu süreçte, zenginlikle, parayla ilgili şablonlarınızı yazmanızı, çalışmanızı istiyorum. Zenginlikle ilgili toksik, yargılayıcı, kötü gelen ne varsa, her gün yazarak, hislerinizi akıtın. Bu ev ödeviniz olsun.

Kuantum Tezahürü Zenginlik Çalışması

Şimdi lütfen aşağıdaki soruların her birini günlüğünüze detaylıca yazarak cevaplayın. Bir iki satırla geçiştirmeyin, duygusal bir temizlik yaptığımız için derinlemesine duygularınızın içine girmeye izin verin, kaçmayın. Belki bir çocukluk anınız zihninizde belirecek, belki hiç hatırlamadığınız bir sözü hatırlayacaksınız. Derin kazıma sürecinin içinde kalarak, soruların sizde uyandırdığı ne varsa hissetmeye izin verin.

Zenginliği istiyorsunuz, parayı istiyorsunuz, finansal açıdan hedefleriniz varsa ve hâlâ tembellik ediyorsanız para için dilenmeye ve çok çalışmaya devam etmek zorundasınızdır.

Öncelikle bir farkındalık çalışmasına ihtiyacınız var. Bu iş dolar banknotlarının görselini telefon ana ekranınıza yapıştırmaktan farklıdır, bizlerin tekniği şansa bağlı değildir, eyleme dayalı tezahür tekniğidir. Kalıcı servet sahibi olmak için, gelecekte çocuklarımıza bırakacağımız mal varlığı, arsa, emlak gibi büyük planlar için bu farkındalık çalışmalarını yapacağız. Biz günü kurtarmak, üç beş kuruş kazanmak için bir totem yapmıyoruz.

Biz serveti kazanmak, korumak ve üzerine eklemek için çalışacağız. Parayla ilgili farkında olmadığınız duygularınızı, zenginlikle ilgili var olduğundan bile haberdar olmadığınız karanlık alanlarınızı tüm dürüstlüğümüzle açmaya ne dersiniz?

Manifest Günlüğü'nüze veya günlüğünüze tüm bu süreçte, zenginlikle, parayla ilgili şablonlarınızı yazmanızı, çalışmanızı istiyorum. Zenginlikle ilgili zehirli, yargılayıcı, kötü gelen ne varsa, her gün yazarak, hislerinizi akıtın. Tüm duygularınıza derin hissetmeye izin verin. Derinleşin, duygularınızdan kaçmayın. Belki bir çocukluk anınız zihninizde belirecek, belki hiç hatırlamadığınız bir sözü hatırlayacaksınız. Derin kazıma sürecinin içinde kalarak, soruların sizde uyandırdığı ne varsa hissetmeye izin verin.

1. Çocukluğunuzdan beri para kazanmak sizin için ne anlama gelir?

   A) Para zor kazanılır.

   Neden?
   Ne olsa tersi olurdu?

   B) Para sahibi olsam bile elimde kalmaz.

   Neden?
   Ne olsa tersi olurdu?

   C) Çok para sahibi olanlar kötüdür.

   Neden?

   Kimdir onlar, örnek verin.

   Bu doğru mu?

   Size iyi hissettirdi mi?

   Size bir faydası var mı?

2. Para kazansanız bile bunu kalıcı bir servete dönüştüremeyenlerden misiniz?

    Neden?

    Farkında olmadığınız neyi biliyor olsaydınız, her şey başka olurdu?

    Paranızla ilgili yaşadığınız yıkıcı, sarsıcı hikâyeleriniz nelerdir?

3. Bir servet sahibi olmak ve yönetmek için yaşamınızda çok çalışmanız, keyif veren her şeyden kendinizi mahrum etmek gerektiğini düşünenlerden ya da bunu yaşayanlardan mısınız?

    Neden?

    Ne olsa tersi olurdu?

4. Bir servet sahibi olmak ve yönetmek için sevdiklerinizden taviz vermeniz, fedakârlık yapmanız gerektiğini düşünenlerden ya da bunu yaşayanlardan mısınız?

    Neden?

    Ne olsa tersi olurdu?

5. İhtiyacınız olan paranın ya da zenginliğin size kolaylıkla gelmeyeceğini, para kazanmak için hep çabada olmamız gerektiğini düşünenlerden misiniz?

Şimdi geldik diğer bölüme... Sevdiğiniz işi yaparak, çok başarılı olacağınız, çok çok para kazanacağınız bölüme. Hayal etmeye, niyet etmeye ve aynı anda tezahür ettirmeye...

Zenginlik Tezahürü Meditasyonu

Hoş geldiniz. Şimdi çalışmada gelen hislerle ilgili farkındalık için günlüğünüzü açın ve şu soruları cevaplayın:

1) Beni sınırlayıcı inancım nedir? **Diyelim ki "Çok paranın kötülük getireceğine inanıyorum" dediniz.**

Bu doğru mu? Neden ya da neden değil?

Bu inanca sahip olmanıza neden olan kötü bir duygusal tecrübeniz ya da ailenizin dayattığı ve sonrasında bir inanç olarak bünyenizde taşıdığınız bu inanca sıkı sıkıya inanıyorsunuz diyelim ve bu yüzden soruya "Doğru" dediniz. "Neden?" sorusuna "Çünkü amcam piyangodan şu kadar para kazanmıştı yuvası yıkıldı" gibi bir cevap verebilirsiniz.

2) Bu sizi iyi hissettiriyor mu? Bu size faydalı mı?

İşte bu cevaba kadar inat eden her danışanımın süngüsünün düştüğü soruya geldik. Bu inancın faydası yok ise bu eski, işe yaramaz ve kötü inancımızı artık yeni ve işimize yarayacak gerçek bir inançla değiştirme zamanımız gelmedi mi? Şimdi burada kendimize kodlayacağımız yeni inanç nedir? Eskisini temizleyeceğiz, yeni bir inanç yaratacağız.

Yeni inancımız:

Para benim ideal yaşamı yaşamam için,
benimle olan bir yardımcıdır.
Parayı seviyorum.

Şimdi hislerinize dikkat edin. Nasıl hissettiriyor? Gerçekten iyi ve güçlü hissettiriyor dediğinizi duyar gibiyim. Ancak bazı danışanlarım bu soruların çoğuna öylesine direnç gösterirler ki onlarla para enerjisi üzerine daha uzun çalışmamız gerekir. Eğer siz de öyleyseniz, üzülmeyin, bu direncinizde haklısınız, çünkü başka türlüsünü bilmiyorsunuz. Bizler bu şekilde düşünmek için programlandık. Neyse ki artık değiştireceğiz, kalıcı olarak. Üstelik bunu sadece kendimiz için değil, gelecek kuşaklara da aktaracağımız bir **Kuantum Zihin Sıçraması'yla** gerçekleştireceğiz. Bu zor değildir, inanın bu bilinçte aydınlanma salise içindedir. Bu bilinci idrak ettiğinizde, zihinsel, enerjisel, duygusal olarak bu kodlar kavranır, siz uyanırsınız ve tıpkı isminizin ne olduğundan emin olduğunuz kadar, güvenle bu hisle yaşamaya başlarsınız. Bu çalışmaları yaptığınızda, ufak paralar ve meblağlar hesabınıza gelmeye başlayacak. Berekete ait bazı küçük etkileri hemen görmeye başlayacaksınız, ancak uzun vadede geri dönüp günlüğünüzü okurken beni hatırlamanızı isterim. Hesaplarınız ve işlerinizdeki bereketi gördüğünüzde, bizlerin her daim içinde yaşadığımız bu boyut, sizin için de geldiği zaman, başkalarına ilham vermesi, cesaret vermesi için lütfen süreçlerinizi #bereketsende etiketiyle paylaşın. Beni en çok mutlu eden şey, sizlere ışık tutabildiğim ve faydalı olduğum zamanlardır. Ayrıca dünyamız yoksulluk bilinci ve kıt zihinlerden yeterince çekti, artık zengin bilinçleri çevremizde görelim, bereket dalgası hepimize yayılsın.

AŞK TEZAHÜRÜ

Aşk. Evet aşk, aşk, kutsal aşk. Herkes aşkı arıyor, sevgiyi ve sevgiliyi arıyor. Kendi hayatımdan örnek vermem gerekirse, güçsüz, değersiz, yetersiz, çirkin gibi tanımlamalarla ilişkilerimin bazı yerlerinde duygusal olarak maniple edilmiş bir eştim, kız arkadaştım. Küstüm, içerledim, kızdım, gücendim. Bu arada kendimi fazlasıyla kapattım ve eril enerjim giderek güçlendi. Hiç kimseye tahammülüm yoktu, en küçük hatada giden oldum. Sonra da kendime acıyordum, "Başıma gelenlere bak! Bu hiç adil değil, ben bunu hak etmedim" diye.

Halbuki bilinçaltımızda kazılı olan ne varsa, bunlar yüzeye çıkmak için sinsice beklerler bir köşede. Bu senaryomda da inandığım ne varsa tabii ki inancımı yüzüme vuracak olan kişiler ve olaylar başıma gelmeye devam etti. Ama ben farkında değildim ve bu duygularımın, bilinçaltımdan taşan inançlarımın bir uzaktan kumanda gibi beni değersiz hissettirecek insanlara çektiğini fark etmiyordum, bu konuyla ilgili tüm sorumluluğu üzerime almıyordum. Erkeklerin kaba, kadınlardan sadece tek bir şey isteyen, aldatan, sığ, adaletsiz ve çirkin olduklarını düşündüğüm her saniye, alanımın bu enerjiyle titreştiğini, bilincin de bir alan tuttuğunu, bozulmuş inançlarımın temizlenmeden, "Hayatımda güzel bir ilişkiye kendimi açıyorum" olumlamasını milyonlarca kez tekrarlamanın hayatımda bir şey değiştirmeyeceğini anlamıyordum.

Kuantum, tezahürün kendisidir. Sende var olanı yansıtır. Sende ne varsa, onu yaşarsın. Dolayısıyla ben de ne istersem değil, ne isem onu çekiyordum. Bunu anlamak zamanımı aldı tabii ama anladım şükür. Ve tüm bunlara sebep olan her şeyle vedalaştım.

Her şeye karşı inancımı temizlemem gerekiyordu, bunu samimiyet, disiplin ve inançla yaptım. Bu sürecin çok hızlı, ama yoğun bir süreç olduğunu söylemek isterim.

Modern Aşk

Teknoloji ve bilgi çağındayız, medeniyetin sözüm ona en gelişmiş döneminin içindeyiz, hâlâ aşkı tanımlayamadık, anlayamadık, yaşanan sorunlara bir çözüm bulamadık. Sonrası ne mi? Hayal kırıklığı... "Bir daha sevmeyeceğim, bitti, bu son" gibi yeminler... Modern aşk tanımları öylesine basit dinamikler üzerine kurulu ki sosyal medyanın, dizi ve reklam sektörünün yarattığı suni bir dünyanın içinde kadınlar ve erkekler arasına uçurumlar açılmış. Bizler kendi suretine âşık olan selfie kültürünün içine gömülüp, filtreli suretlerimizle var olurken, samimi ve hakiki hallerimizden koparken, sevgi ilişkisinden de koptuk. Herkes aşk istiyor, seveceği, yaşamını paylaşacağı, onu anlayacak, güveneceği birini arıyor. Günümüz dünyasında sevgi ilişkileri konusunda işler iyice karıştı. Evlilik, seks, flört veya kadın erkek ilişkileri üzerine sayısız uzman ya da terapist bize aşk ilişkisinin dinamiklerini anlatıyor. Kadın ya da erkek dergileri aşkta kadınları ya da erkekleri doğru tanıma üzerine sayısız anket ve makale yayımlıyor, çok satanlar listesinin üst sıralarına yerleşmiş ilişki kitaplarından, sosyal medyada ilişki uzmanlarından ve seminerlerinden geçilmese de, insanlar kendi odalarına çekilmişler, birbirlerinden uzaklaşmışlar, sadece basit bir alışveriş, kişisel çıkar ve network üzerine ilişkilerle yaşamlarına devam ediyorlar. Çiftler arasındaki iletişimsizlik çok arttı. Bunun sebebi bana göre iç ve dış gerçekliklerin örtüşmemesi.

Bir ilişkiye girmeden önce bile çok fazla standartla, çok fazla tanım, beklenti ve etiketle başlıyoruz bu deneyime. Daha da önemlisi taşıdığımız paketler. Herkes aşk ilişkisine girdiğinde karşı taraftan çok fazla şey bekliyor. Henüz flört aşamasında duygusal beklentilerimizi fark etmeden, sanal bir âlemde, kendi romantik filmimizin oyuncusunu karşımıza geçiriyor, kendi içdünyamızda hayal ettiğimizi, arzu ettiğimiz o duygu durumunun oyuncularını arıyor ve aşkı bu sanıyoruz.

Sonrası ne mi?

Hayal kırıklığı, kalbin kapanması, bir daha sevmeyeceğim, bu son gibi yeminler. Uzun zamandır bir ilişkiniz yoksa ya da çok kısa ilişkiler kurabiliyorsanız, artık hayat arkadaşınıza, eşinize hazırsanız ancak bir türlü karşınıza böyle bir kişi gelmiyorsa enerji alanınıza, bilincinize, bilinçaltınıza bir dalış yapmak gereklidir. Bu yine derin bir bilinçaltı çalışması gerektirir. Koca insanlar da olsak, sevgi ilişkileri çoğu yetişkin açısından karmaşık, zorlayıcı ve acı verici bir deneyimdir. Meşhur bir söz vardır: ***Aşk, her zaman acı verir.***

Acaba gerçekten öyle midir?

Araba, ev, ideal beden, iş gibi maddesel şeyleri daha kolay tezahür ettiririz ama bu başkalarıyla ilgili değil, bizimle ilgili... Bizler bir kez kalbimize doğru baktığımızda bir aşk ilişkisinin o kadar karmaşık, çocukluğumuzun anne baba travmalarıyla dolu karanlık bir mağara olduğunu anlamalıyız. Gerçekten mutlu olacağımız, bizi tanımlayan o ilişkiyi istiyorsak, öncelikle enerjimizi temizlemeli ve gerçekleri görmekten korkmalıyız, o dehlizlerin içinde kim bilir neler saklı...

Genel olarak sevgiye kendimizi açmamızı, kırılganlıklarımızı bırakmamızı, yakın, sıcak, samimi, dürüst, yakın, derin, kaliteli cinsellik, paylaşım ve coşkuya dayalı bir ilişkiye açılmayı hepimiz isteriz. Ancak çok sığ tezahür çalışmalarıyla yaptığınız büyüler işe yaramamışsa, belki bir prens yerine kurbağa tezahür ettirmiş olabilirsiniz.

Eğer uzun zamandır hayatınızda birisi yoksa, olan ilişkinizde artık enerjinin bittiğini hissediyorsanız bu alanda yaydığınız titreşime, enerji bedenlerinizin dengesinin, duygu-ruh ve fiziksel olarak çevrenize nasıl bir enerji yaydığınızın farkında olmanız gerekiyor. Eğer eşimizi hayatımızda tezahür ettirmek istiyorsak, daha derin çalışmaya ihtiyaç duyarız. Enerji temizliğimizi yapmamız ve tezahür ettirmek niyetimizin kararlarını vermemiz gerekir. Şimdi sevgiyle ilgili bilinçaltımızda bir temizlik yapmaya ne dersiniz? Bilinçaltınıza birlikte yapacağımız derin dalışta, size eşlik edeceğim. Güvenli ve tamamen şifalanmış bir şekilde döneceğinizin garantisini veriyorum. Ne dersiniz, bu dalışı birlikte yapalım mı?

Derin Kazıma Günlük Çalışması

Bu çalışmayı benimle yaptıktan sonra süreci günlüğünüze aktarmaya başladığınızda, temizlenme süreciniz de başlayacak. Lütfen bu sürecin içinde sabırla, samimiyetle, cesaretle ve dürüstlükle kalın. Kalbinizde farkında olmadan taşıdığınız her enerji kalıbı, merkezinizin frekansını bozar. Bu frekans bozukluğu çok güçlü bir blokaj yaratır. Kendi yaşamımda bunu çok yaşadım, dolayısıyla hayat arkadaşının, sonsuz sevgilinin, aşkın size gelmesinden evvel taşıdığınız bozuk enerjileri fark etmek için kendinizle çalışmalısınız. Tüm o karanlık, iltihaplı, çürümüş, hastalıklı, ifrit enerjiyi sökeceğiz şimdi tamam mı? Bunu istediğinizi ama bir türlü başaramadığınızı biliyorum. Şimdi benimle birlikte derin kazıma çalışmasını yapmak için QR kodu okutun lütfen.

Bu çalışmayı 7 gün boyunca *Manifest Günlüğü*'nüze yazarak yapın lütfen. En az on dakikanızı ayırarak ve tamamen farkında olarak soruları cevaplayın. Bu bir ödev değil, bunu yeni yaşamınız için yapıyorsunuz. Eğer bir gün atlarsanız ikinci gün daha uzun yazmalısınız. Niyetiniz kararınızdır. Kararınız akittir. Kendinizle bir akit imzaladınız. Ona ihanet etmeyin. Lütfen zaman ayırın ve yazın:

Soru 1-Temizlik: Size hizmet etmeyen, faydası olmayan, yolunuzu kapatan ilişkilerinizin önünde duran ve taşımaya devam ettiğiniz bütün inançları, toksinleri ve travmatik anılarınızı temizlemeye ve bırakmaya gönüllü müsünüz? Dürüst olun lütfen.

Soru 2-Köklenme: Kadınlık/erkeklik tanımlarınız nelerdir? Yolunuzu tıkayan, size hizmet etmeyen bir inancınızı bulun ve onunla çalışın.

Soru 3-Parlama: Sizde gizli olan hediye/cevher nedir? Sizin aracılığınızla dünyaya taşacak bu hediyeyi paylaşmaya hazır mısınız?

Ben bunu kendi adıma başardığım için hissettiğim şükran, mutluluk, kıvanç ve inancı ifade edemem. Beni koşulsuzca seven, harika eşim için ve sahip olduğum her şey için şükran duyuyorum, bunu sizlerle de paylaşabilirim, çünkü dediğim gibi hayat amacım hepimizin çok mutlu olması.

Benim hediyem, dünyaya taşmasını istediğim cevherim tezahür ettirme bilincim. Sizin de eşiniz bir yerlerde, aynı titreşim alanında buluşmak için sizi bekliyor. Ve ben herkes için O KİŞİNİN bir yerlerde var olduğunu biliyorum. Bunun nasıl yapıldığını biliyorum, paylaşmak için de bu satırları yazıyorum. İnanın bana kitap yazmak hiç de kolay bir şey değil. Ama bunun bir önemi yok, benim motivasyonum hayat amacımla hizalı olduğu için bu enerji benimle daima.

Peki bu çalışmayı yapınca benim hayatımda ne oldu? Birinci soruda, kendime bu konuda dürüst olduğumda, soruların ardından kadın olmakla ilgili inançlarıma geldi sıra. Dünya üstünde seksi, çekici, güzel ya da cazibeli bir kadın olmakla ilgili kök inançlarımı fark ettim. Aralarında faydasız olanları temizledim ve dişiliğime, kadınlığıma yeni bir anlamla bağlandım. Kadınlığımı anladıkça, özümdeki kudretimi anladım, köklerimi sağlamlaştırarak dişil enerjime bağladım.

İkinci konuyla ilgili çalıştığımda ise, kendim olmaktan çekinmemeyi, saklamamayı, gizlememeyi ve korkmamayı öğrendim ve gerçekten özgürleştim. Yaşamının her alanında, her şeyi yapabilmeye muktedir, bağımsız bir kadın oldukça, korkmadım, benimle denk enerjideki bir erkeğin kadını olmaktan korkmadım.

Üçüncü konuyla çalıştığımda ise ne oldu biliyor musunuz? 2017-2021 seneleri arasında bir mektup hazırladım. Bu mektubu eşime ithafen yazdım. Her sabah küçük çalışmamı yaparak yüksek sesle mektubu o kişiye okudum. Onu içimden hep çağırdım. Bu mektubu okurken, hissettiğim güveni, aidiyet hissini ve sevgiyi ifade etmem mümkün değil. Çünkü o kişinin, bu ilişkinin, eşimin bir zaman diliminde benimle olduğunu biliyordum. Bu sebeple her gün ama her gün aynı enerjiyle ve inançla mektubumu yüksek sesle okudum.

Sonuç?

Eşim geldi, hem de şahane bir plansızlıkla, muhteşem bir akışla, hayalimin ötesinde dostlukla, muhabbetle, güvenle, samimiyetle, sıcaklıkla, sadakatle ve doğallıkla tam da mektubumdaki gibi geldi. Sevgiye teslim olmamı engelleyen, kaygı, şüphe ve kontrol mekanizmamı devrede tutan yozlaşmış, limitleyici inançlarım üzerinde çalıştıkça ve hepsini temizledikçe, eşim niyetimi tezahür ettirdiğim bu frekans alanına hizalı varlığıyla ve sevgisiyle geldi, harika bir erkekle birlikteyim. Şimdi hayatımın bu dönemindeyim. Bildiğim ve dönüşmek istediğim o kadını ben tasarladım. Bu bir tesadüfle olmadı. Dilemekle, umut etmekle olmadı. Niyet ettim, eyleme geçtim, hazırlandım ve sahip oldum. Sizlerin de buna sahip olma potansiyeliniz var. Yeter ki kendinize verdiğiniz sözü tutun. Hem dalga, hem parçacık boyutunda tezahür frekansı için o gerçekliği yaşarken, hislerimize dikkatimizi vereceğiz. **Bu tezahürün frekansıdır.** Bilinç alanımız, hologramın yansıtıcısı olarak istediğimiz gerçekliği bizlere yansıtana kadar, biz projeksiyonda bu filmi oynatalım. Hayalinizdeki gibi bir kadınla ya da erkekle birlikte olduğunuzda yaşayacağınız hislere yoğunlaşmanız bir alan yaratacak. Aslında size o kadını ya da erkeği çeken şey frekansınız olacak. Asıl manyetik alan yaratan şey, gözlemci etkisi gibi sizin niyetinize yaptığınız enerji yüklemesi. Bizler sürekli olarak bir şeyleri istersek olacağına inandırıldık. Evet istemekten daha önemlisi, tezahürümüzün hissini yaşamak.

Siz o ilişkiyi daha o kişiyle karşılaşmadan kendi kalp enerjetik alanınızda yoğunlaştırıyorsunuz. Kalp frekansınızı da yükselttiğinizde kendinizi hayalinizdeki o ilişkiyi yaşarken, size geçen hisleriniz gerçekliğinizi ve akışı oluşturacak.

Bizi niyetlerimizle kalbimiz buluşturur.

Ben nasıl hissediyorum?

Kendimi kabul görmüş hissediyorum, çok seviliyor hissediyorum, bir kadın olarak almaya izin veriyorum. Çünkü bir erkek sağlayıcıdır, vericidir, kadın alıcıdır. Bu yüzden dişil olarak erile teslim olduğumu, servis almayı, hizmet görmeyi hissediyorum. Şefkatin, yoğun eril sevginin, kralımın aşk enerjisini alıyorum, onun kadını olarak beni çok beğendiğini, hayranlığını hissediyorum, aşkını tüm hücrelerimde hissediyorum, tutkuyu, derin bağlılığı, şefkati ve anlayışı içindeyim. Kendimi güvende hissediyorum.

Bir erkeksem, sevdiğim kadının ihtiyaçlarını büyük bir zevkle ve mutlulukla yerine getiriyorum. Erilin merhametli, şefkatli ve özenli kudretiyle çevremin ihtiyaçlarını karşılamaktan büyük mutluluk ve haz duyuyorum.

Ben kendimle ilgili alanlarımı temizledikçe parlıyorum, derin sevgim bana evrenin tüm sevgisini, ilgisini, aşkını sevgilimle veriyor. Bir kadın olarak alma-verme dengesini öğrendikçe ve uyguladıkça, verdikçe sevgiye, aşka ve erkeğime hakiki bağı hissediyorum.

Evet sevgili okurum, sizler de niyet alanınızda sizin için olan hayat arkadaşınızın frekansına uyumlanmak için kendinizle çalışacak ve onun alanına uyumlanacaksınız. Çünkü biliyorum ki böyle hisseden tek ben değilim...

Yapacağımız bu çalışmayla, bilinçaltınızın üçboyutlu dünya bilgisinde sizlere kodlanan korku frekansının tüm kırıntılarından kurtulacak, ideal eşinizle buluşacak ya da hayatınızdaki eşinizle ilişkinizi geliştireceksiniz. Aşk yakar derler, ama ateş elementinin şifasını bilmezler. Yanarız, ama küllerimizin içinde hakiki aşkla tekrar var olabilmek için, aşkın ateşinde harlarken gönlü, ayakta kalabilmek için güçleneceğiz. Hayatın amacı, elinden geldiğince sevmektir. Yaptığınız her şeyin sevginin bir ifadesi olduğunu anlayın. Yaşamın anahtarı, kalbinizde sürdürülebilir enerjiyi büyütmek ve geliştirmektir. Bunu yapabilecek potansiyel ve kapasitedesiniz. Sadece unutturuldu, hatırlayacaksınız, sahipleneceksiniz ve sonrasında her şey, doğal akışında olacak.

Yapacağınız şey hem içeride hem de dışarıdaki enerjiyi sevmek ve sonra bu enerjiyi niyet, eylem ve konuşulan kelimeler aracılığıyla yaratmak istediğiniz dünyanın frekansına ve titreşimine niyet ederek kalbinizde ayarlamaktır. Bunu yapabilmek için dünyanın ve vücudumuzun en kuvvetli elektromanyetik alan yaratabilen güç merkezimize, kalbimize yöneleceğiz. Aşka ve sevgiye gel diyebilmek için kalp kasımızı güçlendireceğiz. Bu kitap için özel olarak hazırladığım **Hayatının Aşkı Tezahürü Meditasyonu** çalışmasında hislerinize yönleneceğiz.

Hayatının Aşkı Tezahürü Meditasyonu

SAĞLIK TEZAHÜRÜ

Sağlığı tezahür ettirmek konusunda pek çok kadına yardımcı oldum. Klinik aromaterapist olarak yaklaşık 17 senedir çeşitli akut veya kronik sağlık sorunları alanında Tamamlayıcı Bütünsel Şifa konusu, benim danışmanlık verdiğim en önemli konulardan biri. Sağlığın korunması ve şifanın sağlanması bir yana, beslenme, spor ve ideal beden kavramı bütünsel dönüşüm şifasında, en çok çalıştığım konudur. Bedenimiz, ruhumuz ve zihnimiz arasındaki bağlantıyı sağlam kurduğumuzda her şey ışık hızında gelişir. Bu sağlık tezahürü rehberinde sağlık için en iyi tezahür ipuçlarımı alın ve şifayı hayatınıza nasıl çekeceğinizi öğrenin: Sağlık nasıl tezahür ettirilir?

Herkes kendi sağlığının değerini bilmeli ve kendinden (*çocuklarından da*) sorumlu olmalıdır. Bunun için kişiler eğitilmeli ve bilinçlendirilmelidir. Bunun doğal sonucu olarak kişiler ve toplumlar sorumluluk duygusu içinde sağlık hizmetlerinin planlanması ve sunuluşunda söz sahibi olmalı, yani toplum sağlık hizmetlerine katılmalıdır. Hastalanmaktan çok korkuyoruz ancak buna rağmen sağlığımızın nasıl korunması gerektiğiyle ilgili net bir sistem veya öneri nedense verilmiyor bize, sağlığımızın nasıl korunacağı sorusunu kimse sormuyor.

En yakın örneğini tüm dünyayı etkisi altına alan Corona virüs kaynaklı pandemi sürecinde yaşadık. Hastayı zihin-ruh-enerji ve beden olarak bir bütün halinde ele almak yerine, bedenin parçalarını ameliyatla kesip çıkararak, bilinmedik hastalıklarda bilinmedik ilaçlar kullanarak, ilaçlarla baskılayarak tedavi eden indirgemeci yaklaşımın, işleri daha da kötüleştirdiğine dair pek çok örnek var.

Sadece tıpta değil, hayata dair her şeyde bütünsel yaklaşıma ihtiyaç vardır. Sadede gelecek olursam, sağlık doğal gerçeğinizdir. Sağlıklı doğdunuz, sağlıklı yaşamak için gerekli donanıma, kullanım kılavuzuna, sisteme ve içeriğe sahipsiniz. Bedeninize layık olduğu şekilde bakmayı yaşam prensibiniz olarak edindiğiniz andan itibaren size tüm randımanıyla servis verecektir.

Sağlık Tezahürü Meditasyonu

TEZAHÜR TEKNİKLERİ

ŞÜKÜR

Şükür, bolluk kapılarınızı açar. Zaten sahip olduğunuz iyi şeylere ne kadar çok konsantre olursanız, o kadar çok şeyi kendinize çekersiniz. Şükran duygusuyla en saf niyetimizle ilahi iradeyle uyum sağlayabiliriz ve sonra bolca alabiliriz. Şükran duymanın da bir titreşimi vardır. Bereketin tam da kendisidir şükran.

Şükran, bereketle, bollukla uyum sağlamak için titreşimimizi yükseltmemize doğrudan erişim sağlar. Sahip olduğumuz şey için ne kadar minnettar olursak, evrene daha fazlasını almaya hazır olduğumuzu o kadar çok işaret ederiz. Tezahürün en hızlandırılmış yolu, ihtiyacınız olan her şeye zaten sahip olduğunuzu fark etmenizdir. Aşkı zaten yaşıyorsunuz, zenginsiniz, zaten gitmek istediğiniz seyahatte sevdiklerinizlesiniz. Kuantum Tezahür alanı sizin için her daim, aralıksız olarak vardır. Siz ayrı düşünmeyi, hissetmeyi, inanmayı ve davranmayı bıraktığınızda orada olduğunuzu göreceksiniz. Bugünden başlayarak *Manifest Günlüğü*'nüzeki Şükran Günlüğü'nüze veya özel günlüğünüze her gününüze şükranlarınızı sunmaya başlayın. Tekabül Yasası ne söylüyordu? İçeride ne varsa dışarıda da olacak. Her şey onun yansımasıdır. Buna fizikte rezonans denir. Şükran Tekabül Yasası'nın kuantum alandaki yansımasıdır. Müteşekkir bir enerjide olarak, titreşiminizi yükseltirsiniz. Böylece niyetinizle eşdeğer titreşim seviyesinde olursunuz.

En İyi Siz
-Gelecek Versiyonunuzu Tanımlayın-

Sizi, özel bir insanla tanıştırmanın zamanı geldi. Genel olarak paylaşılan Tezahür Teknikleri'nde ve Çekim Yasası prensiplerinde eksik bulunan gelişmiş bir tezahür etme tekniğini paylaşacağım şimdi. Bu teknik, büyük hayallerinizi gerçeğe dönüştüren eylem planınızı, tezahür etme sürecinizi çok farklı hale getirecektir. Tezahür ettirme sürecinin en önemli parçası, ulaşmak istediğiniz hedeflere zaten ulaşmış bir kişinin nasıl davrandığını anlamaktır. O kişi, zaten her türlü tezahür ettirme kapasitesine ve yeteceğine doğal olarak sahiptir. Bu niyeti eylemle hayata geçirecek olan kişi siz olduğunuza göre, bu kişi SİZSİNİZ. Gelecek versiyonunuzun karakterini tanıdığınızda, hedeflerinize ulaşmak için nasıl adımlar atmanız gerektiğini ondan öğrenebilirsiniz.

Bu kavram oldukça basittir ve hayatım boyunca kararlarımı verirken sıklıkla yardımcı olmuştur bana. Ancak başarı kişiliği kavramının küçük bir dezavantajı var: Bu kişisel ve öznel bir bakış açısını yansıtır. Başarı karakterinize inanırsınız, onun başarılı olacağına, olması gerektiğine inanırsınız. Ancak bu sadece sizin görüşünüzdür ve belki yanılıyorsunuzdur. Ayrıca, gelecek versiyonunuz olan bu başarılı kişiliğin, şimdiki size göre imkânsız görünen bazı fedakârlıkları yaptığını, size göre şu anda ulaşılamaz olanları başardığını da bilmelisiniz. Şimdilik sizin için imkânsız görünen şeyler mi var? Siz o yolu henüz geçmemiş olduğunuzdan dolayı bu düşünce doğrudur elbette. Ama ne demiştim, insan deneyimlemediği hiçbir şeyi hayal edemez değil mi? Ancak her şeyde olduğu gibi burada da inançlarımıza bakabilir ve yıkılacak bir paradigma varsa onu yıkabiliriz. Ne de olsa her paradigma yıkılmak için vardır, işte bunu kabul etmek bizi özgürleştirir.

Bu benim için de geçerli. Kişisel Tezahür süreçlerimin çoğunda gelecek versiyonumla çalıştım. Gelecek versiyonunuzdaki tüm başarı tanımını tek bir rol üstlenmiyor, bunun dengesini hiç bozmadan ilerlerseniz, tezahür eylemlerinin üç aşaması da mükemmel şekilde işler. Bu versiyonunuzu nasıl yaratacağınıza bir göz atalım.

Planlayıcı rolünü benimsemeye başladığınızda ve zihniyetinizi uygulanabilir bir plan oluşturmaya ayarladığınızda, hedefinizi zaten gerçekleştirmiş birini düşünürsünüz, düşünün. Hayalinizdeki yaşamı yaşayan birini düşünün. Eğer bu konuda zorlanıyorsanız, gözlerinizi kapatın ve bir an için bu yaşamı canlandırın. Bu kişinin nerede yaşadığını, nasıl düşündüğünü, hangi insanlarla vakit geçirdiğini, nasıl kazandığını düşünün.

Bu kitabın *Manifest Günlüğü* baskısına sahipseniz, gelecek vizyonunuzu yaratmak için şablonlar ve alıştırmalar bulacaksınız orada. Yine de her şey sizde biter. Gelecek versiyonunuz, kendinizi kim olarak düşündüğünüzle ilgilidir.

Ona Bir İsim Verin

Ünlü şarkıcı Beyonce, gündelik yaşamında oldukça içedönük ve utangaç biri olduğunu söyler. Bunu yenmek için sahnede güvenli, yüksek enerjili bir alter ego (*alt kişilik*) yaratır ve adı da Sacha'dır. Siz de başarılı hissettiğiniz gelecek versiyonunuza bir isim verdiğinizde, ona bir avatar belirlediğinizde bu onu bilinçaltınızda daha güçlü kılacaktır. Onu kendiniz gibi düşündükçe, bilinçaltınıza daha güçlü bir mesaj gönderirsiniz: "Büyük hedefime ulaşabilirim. Bunu zaten başarıyorum. Bunu yaşayan biri var!" Belki de kendi adınızla hitap etmek size yardımcı olur veya onu tamamen farklı bir kişi olarak düşünmek daha kolaydır. Size en uygun olanı seçin! Burada narsistik bir kişilik yaratmıyoruz, sadece başarı, takdir odaklı davranışları Kuantum Tezahür alanında kendimizle hizalıyoruz, lütfen ikisini birbirine karıştırmayın.

Eğer bu konuda zorlanıyorsanız, başarı yolculuğunuzda ilerlerken sizi hep destekleyen Tezahür Rehberiniz olarak yanınızda olduğumu bilin. Benimle bireysel olarak çalışarak, bu süreci daha güçlü deneyimleyebilirsiniz. Bunun için kitabın sonundaki iletişim bilgilerimden faydalanarak danışmanlık almak için benimle iletişime geçebilirsiniz. **Bireysel tezahür koçunuzu kullanın.**

İçsel Koçunuz Kim?

İş, ilişki, sağlık alanlarında tezahür sürecimizde bizim görmediğimiz tüm alanları görerek, bize hem fener hem de farkındalık için ayna tutacak bir koça sahip olmak muazzam bir şeydir. Herhangi bir alanda koçluk almak istediğimizde, çok yüksek seans ücretleri vermemiz gerekir, elbette bu onların işlerinin eşsiz başarısından kaynaklıdır. Ben size başka bir şey önereceğim. Kendim de deneyimli bir Kuantum Tezahür Koçu olarak size bir sırrımı vereceğim

En iyi koç sizsiniz. Yaşamınızda zayıflıklarınızı, güçlüklerinizi, inadınızı ya da yetersizliklerinizi sizden daha iyi bilen başka kimse yok. Hep söylerim! **Üzerinde çalıştığım en iyi projem, benim.** Bu doğrudur, bu yaşamınızda elinden tutmamız gereken en önemli kişi, kendinizsiniz. Bu nedenle içsel koçunuzu oluşturmak için zaman ayırın. Bu, tanıdığınız, ilham aldığınız bir ya da birden fazla kişinin karışımı olabilir. Mesela benim içsel koçum, Tony Robbins: Güçlü ve yönetici özelliklerini kurguladığı koçluk sisteminden çokça yardım aldığım dünyanın en güçlü koçu. Planlama, çok yönlü düşünme, eyleme dayalı tezahürün süreçleri içinde hayalci, planlayıcı ve eleştirmen rollerini eşzamanlı ve eş güçte kullanabilmesi sebebiyle onu seçtim.

Oprah Winfrey de güçlü, anaç, sarmalayan liderlik özelliklerine sahip. Zorlu durumlardan kendini taşıdığı iç gücü ve şefkatle ilerlemesi sebebiyle.

Kendi içsel koçuma onların ilham veren ve yol gösteren özelliklerini alarak, Prometheus ismini verdiğim bir koçum var. Bu ismi seçmem de elbette tesadüf değil, her gün yanarak kendi küllerinden doğan, niyetinin navigasyonundan çıkmayan içimde o inatçı savaşçıyı bana zihinsel olarak çapalıyor. Siz de sizi güçlendiren, iç savaşçınızı tetikleyen bu isimleri kendinize koyabilirsiniz.

Şu an niyetlerinizin atılım hedefleri, eylem planları üzerinde çalışıyorsunuz. Tüm bunlar büyük hedeflerdir ve çok önemlidir. İç koçunuzla düzenli çalıştığınızda, hedeflerinize ve planlarınıza bakmasına izin verdiğinizde bu iş olur.

Koçunuz, tezahür yolculuğunuzda sizinle birlikte olacaktır, körü körüne kendinizi pohpohlamanızdan ya da tam tersi ceza yargıcı gibi kendinizi yermenizden beslenmeyecektir. Eleştiri yapabilecek, sizi tekrar düzene sokacaktır. Sıkıştığınızda ilham enerjinizi yükseltmenize yardımcı olacak olan koçunuzu gerektiğinde dışarı çekip hayatınıza dışarıdan bakacağı şekilde de kullanmalısınız. Tamamen üç aşamalı eylem planınızın eksiksiz bir şekilde sürdürülmesinde gerekenleri yapın lütfen.

BÖLÜM III

Uygulamalar

Hedefinize Ulaşmak İçin Harekete Geçin

Bu kitapta derin bilinçaltı temizleme tekniklerini teoride değil, pratikte de deneyimleyeceksiniz. Kitabımda aynı evrenin her şeyi kapsayan enerjisi gibi besleyici bir enerjinin sizleri sarmasını istedim. Bu sebeple bu kitaptaki bilgileri sadece satırlarda okumayacaksınız, aynı zamanda deneyimleyeceksiniz. Deneyim odaklı öğrenimin yetersiz kaldığını biliyorum, bu sebeple bu kitap Kuantum Tezahür alanının tüm boyutlarından size ulaşsın istiyorum.

Bu amaçla, kitabımda teorik olarak anlattığım bilgilerle, pratikte birlikte deneyim odaklı bir farkındalığa gelmenizi sağlamak istedim, Kuantum Tezahürü'nüzü güçlendirecek ve sürecinizi hızlandıracak bu kitaba özel hazırlanmış pek çok videomu da, sizler için bir rehber haline getirdim. En çok kullandığım tezahür tekniklerini sizler için bu bölümde detaylıca anlattım. Tüm Kuantum Tezahür Teknikleri'mi ise meditasyonlar ve uygulamalarla desteklemek istedim.

Tüm bu meditasyonları ve çalışmaları QR kodlarını okutarak uygulayabilirsiniz. Böylece sizinle satırlarım dışında, enerjetik olarak daha yüksek bir alanda etkileşimde olacağız.

Yaşasın Kuantum Tezahür ruhu.

Kuantum Tezahür Tekniklerim

Bilinçaltımıza saklanan, bizi sabote eden, geride tutan, saklayan, direnç gösteren her şeyin Kuantum Tezahür alanımızdaki parazitler olduğunu anladığımızda, bunların yaşamımız boyunca, zihnimizin her yerinde, her bir hücremizde ve her bir zerremizdeki parçalarını fark ettiğimizde hepsini katman katman temizleyeceğiz, arınacağız, kendi özümüzün bütünlüğünü bozan, yaşam gerçeğine aykırı olan her türlü yanlış kodu sileceğiz. Bizler bu alanları temizledikçe, bu inançlara meydan okudukça Kuantum Tezahürü güçlenecek, seri hale gelecek, hızlanacak. Bu sebeple tüm bu teknikleri sizler için bir rehber halinde topladım.

Niyet Tablosu
Güçlü Bir Tezahür Tekniği

Niyet tablosu çalışmasını 2001 senesinden beri kullanıyorum. Bana göre bu çalışma, görürsem inanırım mottomu güçlendiren yegâne çalışma. Kitabımın giriş cümlesi olarak paylaştığım: "Gördüğümde inanırım, inandığımda görürüm." İşte bu Kuantum Tezahürü'nün temelidir. Deneyimlediğim şeyi hayal edebilirim. Yine size bu kitapta anlatmaya çalıştığım, paradigmalarımızdan biridir.

Olmasını istediğimiz görsel uyaranlarla, bilinçaltımızın zihinsel imgeleri gerçek sanma eğilimini kullanarak, niyetimizi tezahür ettirmek için bilincimizi, bilinçaltımızı kandırdığımız etkili bir tezahür tekniğidir. Evet kandırmak diyorum. Eğer kandırma, yüksek tezahür alanımıza, faydamıza, şifaya, aşka, bolluğa ve berekete olacaksa neden olmasın? Hele ki zihniniz senelerce kendine hizmet etmeyen bilinçaltınızdaki tüm o çöpleri taşıyarak sizi kandırmışken.

Niyet tablosu, tezahür ettirmek istediğiniz niyetlerinizi görsel olarak ifade eden güçlü bir araçtır, ancak doğru şekilde kullanılmalıdır. Niyet tablosu, güzel resimleri bir yere toplamaktan, duvarınıza asmaktan daha fazlasıdır. Hepimiz dekorasyon ve moda dergilerinden kestiğimiz şaşaalı, abartılı, güzel resimlerle dolu bir niyet tablosu oluşturmak isteriz ama sadece o resimleri asmak hayallerimizi gerçekleştirmemize yetmez. Niyet tablonuzu oluştururken dikkat etmeniz gereken birçok faktör vardır.

Çoğu niyet tablosunun başarısızlığının temel nedenlerinden biri şudur:

Niyet tablonuzdaki fotoğraflar niyetinizle mühürlü değilse, tezahür alanınızdaki karşılığı titreşim alanınızda yoktur. Bu nedenle, doğru görselleri seçmek önemlidir. Bir aşk, ideal eş, evlilik için David-Victoria Beckham çiftini seçtiniz diyelim, ama bu bir fotoğraf kadardır. Bu fotoğrafı, bu çifti seçmenizin sebebi, sizdeki eksik hayranlık hisleri veya tetiklediği duygularsa bir etkisi olmaz. Benim için David-Victoria Beckham çifti fotoğrafı çok sunidir. Samimi aşka, muhabbete, dürüstlüğe, sadakate dayanan bir çift hissi vermezler bana. Eğer power couple, yani kudretli bir kadın erkek görseli seçeceksem, mesela benim açımdan çok daha samimi olduklarını hissettiğim George ve Amal Clooney çifti daha etkilidir. Şimdi niye Türk bir çift seçmedin diye sorabilirsiniz, cevabım var tabii...

Benim için bir kadın ve erkek, sizlere bu kitapta anlattığım tüm bilinçaltı kalıplardan özgür, kendilerini gerçekleştirmiş, birbirlerini özgürce seçmiş güçlü bir kadın ve erkek olarak bağımsız yaşamlarında da bana eş tanımını hissettirmeliler. Ülkemizde bu duyguyu görebileceğimiz pek çok örnek çift var elbette. Kendiminkileri örnek vermem gerekirse, Kıvanç Tatlıtuğ ve Başak Dizer çifti, Şahan-Selin Gökbakar çifti, Özge

Özpirinçci-Burak Yamantürk çifti. Bunun dışında eşim Tolga, tam da bu tanımlarımla yaptığım niyet tablolarımda bolca yer almıştır.

Niyet tablonuzun amacına hizmet etmesi için, bilinçaltınıza önemli bir mesaj iletmesi gerekir. Niyet tablonuz, her göz göze geldiğinizde, önünden her geçtiğinizde size niyetinizi hatırlatan, bilinçaltınızı motive eden bir araç olmalıdır. Niyet tablonuzu doğru yerleştirmeniz ve onunla nasıl çalıştığınız da önemlidir.

Niyet tablonuzu görüş alanınıza doğru yerleştirmeniz gerekir. Kuantum Tezahür alanı tüm alanı kapsar, bizler için bu bilinçaltımızdır. Bu sebeple niyet tablonuzu, bilinçaltınızla sürekli etkileşimde olacak şekilde, her gün görebileceğiniz bir yere yerleştirmeniz gerekir. Bilinçaltınız, bu görselleri her gördüğünüzde hedeflerinizi hatırlatarak, sizi motive edecektir. Benim niyet tablolarım yatak odamın arka kapısındadır. Bu alan benim için, hem görülmeyen, sadece bana ait, hem de sabah ilk iş, akşam son iş tezahür sürecimi güçlendirmeme yarayan kutsal alanımdır.

Unutmayın ki bir niyet tablosu duvardaki güzel bir sanat eseriniz de değildir. Niyet tablosu kişisel hedeflerimi bana hatırlatan, aynı zamanda hedeflerimi gerçekleştirmeme yardımcı olan bir araç olmalıdır. Bu nedenle niyet tablonuzu güncellemeniz gerekiyorsa, çekinmeden düzenleyin. Bilinçaltınız gerçekliğinizi oluşturur, bilincin değişimi ışık hızındadır. Bu sebeple bir ay önce yaptığınız tablonuzda size hizmet etmeyen şeyler varsa çıkartın, gerçekleştirdiğiniz hedefleri, yeni ve ilham verici taze hedeflerle değiştirin. İyi bir niyet tablosu hazırlarken paylaştığım ipuçlarını kullandığınızda kafa karışıklığınızı azaltabilir. Niyet tablonuz bilinçaltınızı hedeflerinizle hizalamak için güçlü bir araçtır, ancak onu etkili bir şekilde kullanmak için doğru görselleri seçmek, düzenlemek ve onunla düzenli olarak etkileşimde bulunmak önemlidir.

Etkili bir niyet tablosu nasıl hazırlanır?

Benimle birlikte bu çalışmayı yapmak isterseniz.

QR Kodu okutunuz.

Tezahür Günlüğü

Kendinize ve niyet hedeflerinize uygun bir günlük seçmeniz tezahür sürecindeki en gerekli şeylerden biri. Niyetlerinizin tezahürü sürecinde, kendinizi rahat ve güvende hissettikçe kullanacağınız benim hazırladığım *Manifest Günlüğü*'nün size nasıl yardımcı olduğuna inanamayacaksınız. Elbette kendinize kırtasiyeden süslü güzel bir günlük de satın alabilirsiniz ama bütün tezahür tekniklerini paylaştığım ve kitabın içeriğine uygun, özel olarak hazırladığım *Manifest Günlüğü*'nü kullanmanızı öneririm. Veya seneler evvel benim yaptığım gibi kendi günlüğünüzü hazırlayabilirsiniz. Tablete, telefona, bilgisayara yapmayın sakın, düşünmeyin bile, bu işin yeri değil. Lütfen unutmayın dijital dünyada değil fiziki dünyada tezahür ettireceğiz.

Söz uçar yazı kalır

Tüm büyülerin mürekkeple yazılmasının tek sebebi budur. Tezahür ettirmek, kuantum alanda var olan, ama fiziki boyutta görünmeyeni, fiziki alanda var etmektir. Latince, manifestare yani manifestation, manifest etmek kelimesini, Türkçede görünür hale getirmek anlamındaki tezahür kelimesi karşılar. Elyazısının tezahür sürecinde çok güçlü bir araç olduğunu söylemek isterim. Günlük olarak tezahür sürecinizi takip edeceğiniz çalışma kitabınızı doğru kullandığınızda, harika bir yardımcı olacaktır. Zaten bir süre sonra günlüğünüz, onu kullanmanız için size ilham verecektir. Doğru günlük, onu kullanmanız için size ilham verecektir. Hedeflediğinizi, niyetlerinizi, vizyonlarını kurduğunuz hayallerinizi günlük olarak kâğıda döktüğünüzde, onları gerçekleştirmenize ve tüm tezahür dikkatinizi niyetinize ve hedefinize odaklamanıza yardımcı olacaktır.

Günlüğünüze her gün yazmaya çalışın. Ayrıca niyet hedeflerinizi ve eylem planınızı kontrol edin, rotanızdan sapmamak için niyetinizi sürekli olarak aklınızda tutmanıza yardımcı olması açısından, yazdıklarınıza geri dönerek okuyun.

Hayalinizdeki hayatı tezahür ettirmek söz konusu olduğunda günlük tutmak güçlü bir araçtır, bu yüzden hiç vakit kaybetmeyin. Eğer henüz bir tezahür günlüğüne başlamadıysanız, kitapta yazan teorik bilgiler sadece kitapta kalacak demektir. Bunu düşünerek, kitabımın bir de çalışma kitabını oluşturdum. Bu kitaptaki tüm çalışmaları uygulamanız, takip etmeniz, hayalci, plancı ve eleştirmen kısımlarını kontrol edebilmeniz ve tüm niyetlerinizin tezahürünü takip edebilmenize olanak sağlayacak bir günlük-ajanda olarak tasarladım. *Manifest Günlüğü* en önemli şey. Eyleme dayalı tezahür ilkesini unutmayın. Şimdi harekete geçmenin tam zamanı.

Başka neler yapılabilir?

Açıkçası ben yazmayı çok severim. Çeşit çeşit kalemler, defterler alırım, gençliğimden beri tezahür için günlükler tutarım. Peki *Manifest Günlüğü* dışında neler yapabiliriz?

Şükran Günlüğü

Şükran günlüğü, minnettarlığınızı ifade etmenin harika bir yoludur. Basit bir minnettarlık listesi yerine, minnettar olduğunuz her şeyi bir hikâye haline getirebilirsiniz.

Her sabah tezahür günlüğüme minnettarlığımı ifade ettiğim birkaç sayfa yazıyorum. Uyanabildiğim her yeni güne, sağlıklı bedenime, yediğim her şeyin lezzetini alabilmeme şükürler olsun. Çoğu zaman, zaten sahip olduğum şeylerle başlıyorum ve sonra şu anda tezahür ettirdiğim şeylere akıyor, sonrasında şükran günlüğüme, tezahürüne niyet ettiğim ne varsa onlar sanki zaten hayatımdaymış gibi şükranlarımı sunuyorum.

Örneğin

Sevgili günlük, beni olduğum gibi seven, fedakâr, sadık, saygı dolu, zenginliği, neşeyi, aşkı, sevgiyi benimle dolu dolu paylaşmayı seven, nazik ve anlayışlı erkek arkadaşım için şükürler olsun.

Niyet Tablosu Panosu Günlüğü

Niyet Tablosu günlüğü, bir manifesto günlüğü ile vizyon panosunun karışımıdır. Normalde niyet tablonuza asacağınız resimlerle dolu bir kitabı, hedeflerinizle birlikte kelimelerle hayal edin. İlk vizyon panom böyle bir niyet Tablosu günlüğüydü, 2004 senesiydi, ben bir aromaterapi ve spa markası açma niyetini eyleme geçirmiş bir deli olarak, İngiltere-Türkiye arasında mekik dokuyordum. Sürekli olarak seyahat ederken, beğendiğim fikirleri, fotoğrafları, broşürleri, ilham veren cümleleri, keserek taşınabilir niyet tabloma ekliyordum. Neler mi eklemiştim?

Mağazamın tasarımı, çalışanlarımın fiziki yapıları, mağazamın ortamı, benim nasıl bir girişimci olacağıma dair bana ilham veren tüm görselleri keserek bu niyet tablosuna yerleştirmiştim. 2007 senesinde, mağazam aynen tablomdaki gibiydi. İlk çalışanım Elif aynen tablomda hayal ettiğim gibi bir elemandı. Niyet tablosunu da içeren bir günlük, benim için çok pratikti. Hayallerinizin resimlerini duvara asmak evinizi paylaşıyorsanız ve mahremiyetinizi korumak istiyorsanız, size göre değilse, belki de yanınızda taşıyacağınız bir niyet tablosu günlüğü daha mükemmeldir.

Fikir Günlüğü

Fikir günlüğüm, sözünü ettiğim niyet panosu günlüğümle birlikte hayatımda organik bir şekilde var olmuştu. Beğendiğim görselleri eklemekle birlikte, bazı beğendiğim fikirleri, gelecekte bana ilham vermesi, beynimi çalıştırması için fikir günlüğüm olarak da kullandım. Fikir günlüğü harika bir şeydir. Rahat rahat, hiçbir şeye takılmadan, serbestçe, aklınıza gelen her şeyi yazın. Unutmayın niyetinizi değil eylem planınızı değiştirmeniz gerektiğinde tüm bu fikirlerin ne zaman ve ne için kullanabileceğinizi asla bilemezsiniz. Bu fikirlere daha sonra geri dönüp bakın, çünkü bir fikir günlüğü sizi tezahür ettirme sürecinizin her bölümünde destekleyebilir. Dolayısıyla tezahür ettirme günlüğünüze ideal bir ektir. Çekim Yasası yalnızca gerekli eylemleri gerçekleştirdiğinizde işler. Ve bir fikir günlüğü, "eylemler" açısından size doğru fikirleri vererek, mükemmel bir şekilde destekleyebilir.

Ancak fikir günlüğünün tek faydası bu değil. Bolluk ve bereketin size gelmemesinin tek sebebi, zihninizle yaşamanızdır demiştim. İnsan zihin odaklı yaşamda, kontrolü bırakamadığı gibi her şeyi fazla düşünerek bir şeyleri halledeceğini zanneder. Halbuki tam tersi olur, akışa ve berekete engel olur. Bu sebeple beyninizin temizliğe ve rahatlamaya ihtiyacı vardır. Serbest yazım tekniği dediğimiz bu teknikle yazarak, beyninizdekilerin yazıyla günlüğe dökülmesi, bütün düşüncelerinizin ve endişelerinizin ortaya çıkmasına da imkân tanıması açısından mükemmel bir araçtır.

Bilinçaltımızda niyetlerimizin gerçekleşmesine, berekete veya bolluğa dair sınırlayıcı inançlarımız varsa bunlar da temizlemiş olur. Yanımda taşıdığım bir cep fikir günlüğüm hep vardır, çalışırken veya aklıma bir fikir geldiğinde mutlaka yazarım. Niyetlerimi yazarım, seneler sonra bunları okuduğumda tüm süreci ne güzel tezahür ettirdiğimi de takip edebilirim.

Çekim Yasası araçları hakkında daha fazla fikir ve hayallerinizi tezahür ettirme konusunda daha fazla yardım istiyorsanız, *Manifest Günlüğü*'nü edinmenizi tavsiye ederim.

TEZAHÜR OLUMLAMALARI

"Her şey inançtır, bir isteğinize sahip olmanız daima kendinize olan inancınıza bağlıdır. İnandığınızı yaşarsınız."

– Ayşe Tolga

Araştırmalar, günde 45 bin ila 51 bin farklı düşüncenin akla geldiğini gösteriyor. Dakikada 150 ila 300 düşünce yani... Ve ne yazık ki çoğu insan açısından akla gelen düşüncelerin %80'i olumsuz. Zihnimizi kontrol edemezsek, niyetlerimizi yaşamlarımızda nasıl tezahür ettirebiliriz ki? Bu sebeple inançlarımızı fark etmemizin ardından, yepyeni inançlarımızı pekiştirecek, tezahür sürecini hızlandıracak yardımcılarımız olmalıdır, bu yöndeki en iyi yardımcı araçlardan biri, tabii ki olumlamalardır.

Olumlamalar, bilinçli ve bilinçaltı zihni etkilemeyi amaçlayan cümlelerdir. Olumlamalar, sinirbiliminde beyin plastisitesini kullanarak gerçekleştirilen harika bir yöntemdir. Yine sinirbilimi ve psikolojinin yepyeni bir dalı olan psiko-nöro immünoloji tarafından da kullanılan etkili yöntemlerdendir. Dünya çapındaki liderler, sporcular ve sanatçılar, başarılarını pekiştirmek için kullanmaktadırlar.

Olumlamalar, zihnimizi programlamak için kullanılır. Zihnimiz, inanırsa motivasyonumuz artar, inancımız bakış açımızı değiştirir ve bakış açımız değiştikçe olaylara olan bakış açımız ve davranışlarımız da değişir. Zihin, çok güçlü bir makinedir, sizi hastalıkla da başarıyla da tanıştırabilir.

Olumlamalar, bilinçaltınızı olumlu yönde etkiler ve davranışlarınızı, alışkanlıklarınızı ve tepkilerinizi değiştirmenize yardımcı olur.

İnançlar, zihnimizi etkileyen kodlardır ve her inanç buna karşılık gelen bir titreşimi taşır. Olumlamalarla kendimize yüklediğimiz, güçlendirici inançları benimseyerek titreşimimizi artırırız.

Olumlamalar, basit, kısa ve güçlü ifadelerdir, yüksek sesle söylediğinizde, niyetlerinizin gerçeği haline gelir. Olumlamaları bir alışkanlık haline getirin lütfen, süreklilik ve tutarlılık çok önemlidir. Her gün olumlamalarınızı tekrarlamak, en iyi sonuçları elde etmenize yardımcı olur.

Hayatınızın Aşkını Tezahür Ettirmeden Önce

Sağlıklı bir ilişkiyi tezahür ettirmek istiyorsunuz, ama bu karşınıza çıkan ilk fırsat değil, kendiniz için doğru kişiyi bulmanızı gerektirir. Eğer umutsuzca bir ilişki arıyorsanız, kendinizi yalnız hissediyorsanız ve gerçekten yanınızda birinin olmasına ihtiyaç duyuyorsanız, bir an için geri çekilip neden böyle hissettiğinizi düşünün. Çünkü hep söylediğim gibi, bu başka biri tarafından size sunulacak bir imkân değildir. Kuantum Tezahür alanı, sizde ne varsa onu yansıtan bir aynadır. Kendimizi sevmedikçe, karşımızdan ne bekleyebiliriz ki? Her iki tarafın birbirini bütün kalbiyle sevdiği sağlıklı bir ilişki bulmanın anahtarı, öncelikle kendinizi sevmektir.

Duygusal olarak hazır olmadan ciddi bir ilişkiye atlamak, yalnızca güvensizlik, kaygı ve daha fazla kirliliğe yol açar. Sadece bir ilişki yaşanıyor olsun diye gereksiz bir birliktelikte olmaktansa yalnız ve mutlu olmak daha iyidir, ben buna kaliteli yalnızlık diyorum. Siz daha kendinizle aşk yaşamadan, kendinizi rahatlatmayı bilmeden ve kim olduğunuzu kabul etmeden ve anlamadan, sağlıklı bir ilişkinin ne olduğunu bilmeden nasıl bir aşk yaşayabilirsiniz ki? Her şey hızlandı, her şey tüketiliyor. Haz ve cinsellik odaklı tüketim dünyasının pompalamasıyla tamamen başka bir algıya ve vizyona kaydı aşklar ve ilişkiler. Lütfen acele etmeyin, kendinize biraz zaman ayırın, ancak o zaman gerçekten ne istediğinizi ve sizin açınızdan sağlıklı bir ilişkinin ne olduğunu anlarsınız.

Endişelenmeyin, bunu yapmak için hâlâ olumlamaları kullanabilirsiniz. Olumlamaları kullandığınızda daha rahat ve emin hissetmeye başlayacaksınız. Olumlamalar konusunda size yardımcı olacağım, böylece hayalinizdeki sağlıklı ilişkiyi çekmeye bir adım daha yaklaşmanıza destek olmuş olacağım. Bunu sizin için yapabilirim merak etmeyin, yıllardır yüzlerce kişiyle çalıştım. Sağlıklı bir ilişkiyi çekmek için tezahür tekniklerimi kullanan o kadar çok insandan teşekkür mesajları alıyorum ki inanamazsınız. Çekim Yasası'nı kullanmanın spiritüel bir hal, maneviyat veya batıl bir inanç olduğunu düşünerek, dalga geçenler için söyleyebileceğim tek şey, eski kafaların değişmeleri gerektiği olabilir. Kuantum alanda hiçbir şey birbirinden bağımsız ya da ayrı değildir. Tezahür ettirmek de bir fizik olayıdır, spiritüel bir eylem değildir.

Günlük tutmak, niyet tablosu, gelecek versiyonunuzdan hayat arkadaşınıza yazacağınız mektuba kadar her teknikle eşinizi, aşkınızı ya da sevgilinizi kendinize çekmeye başlamak için ihtiyacınız olan olumlamaları vereceğim şimdi.

Evlilik ve Aşk Olumlamaları

Hepimiz sevilmeye layığız, hepimiz harika bir aşka layığız. Çevrenizdeki insanların çoğu hatta kendiniz bile zaman zaman bunun aksini söylese de herkes gibi siz o özel insanı bulmaya ve aşkınızı yaşamaya layıksınız. Bu yüzden kendiniz hakkında olumlu düşünmeye başlayacak, bunu da yüksek sesle kuantum alana ifade edeceksiniz. Sevgilinizi tezahür ettirmek için aşk olumlamalarını kullanın. İşe yarıyor mu? Hem de nasıl.

Bakın 2013'te on senelik evliliği bitmiş, her anlamda tükenmiş bir kadındım. Beni çok değersiz hissettiren, üzen bir evlilik ve boşanmanın ardından kendimi yükseltmeye karar verdim. Boşanmanın yıkımına izin vermedim, kendimle çalışmaya ve tekrar ışığımı parlatmaya başladım. Aşka umutsuzca ihtiyaç duyuyordum tabii, ancak içdünyamda halletmediğim o kadar duygusal travma, inanç, değersizlik, yetersizlik ve öz sevgi eksikliği vardı ki hayatıma sadece bunu yansıtacak bir partner gelebilirdi. Ve öyle de oldu, kendimi çok daha kötü hissettiğim bir iki başarısız denemeden sonra, bu işin bana göre olmadığına inanarak kendimi işime, aileme ve arkadaşlarıma verdim. 2017 senesinden itibaren bir ilişkiye hazırlanmaya başladım, kitabın **"Hayatınızın Aşkı Tezahürü"** bölümünde de anlattığım şekilde hazırlandım. Ve elbette öyle de oldu. Başarılı oldu.

Şu anda hayatımda, tam da tezahürü için çalıştığım kişiyle birlikteyim. Bunu ben yaptıysam siz de yapabilirsiniz. Lütfen şunu anlayın, kitabımdaki tüm çalışmalar değerinizi hatırlamanıza ve hayatınızda sevgiye layık olduğunuzu anlamanıza yardımcı olmak için tasarlanmıştır. Sizler için hazırladığım olumlamalarla herhangi bir olumsuz inancınızı ya da düşünceyi olumlu bir düşünceye dönüştürebilirsiniz.

Sevgiye, ilişkiye ve aşka dair ifadeleri kullanarak, öz sevgi, öz değer, özgüveninizi, ruhsal, duygusal ve zihinsel durumunuzu hayatınıza aşkı çekmek için kullanabilirsiniz. Şimdi benim erkek arkadaşımı tezahür ettirdiğim üç tekniğim var: Niyet Tablom, Gelecekten Mektubum ve Olumlamalarım.

Olumlamalarımı özel bir kişiye ithafen yazdım. İsmi olmasa da hayat arkadaşım, eşim, sevgilim olarak hitap ettim siz de öyle yapın. Olumlamalarınızı günlük hayatınızda yüksek sesle söyleyin. Günlüğünüze de her gün yazarak rutininizin bir parçası yapın, böylece etkiyi daha da artırın. Neden? Tabii ki yazıyla mühürlemek için.

Hayatınızın Aşkı Tezahürü Olumlamaları

Hayatınıza bu kişiyi çekmek için olumlamanın başına bu kişi kim olacaksa, kocam, karım, eşim, partnerim, sevgilim gibi hitaplarını ekleyerek olumlamayı yapın. Yardımcı olması açısından sizin için bazı örnekler yazdım, sevgilim, karım/kocam diyerek örnekledim, siz tabii ki istediğiniz hitabı kullanabilirsiniz.

Sevgilim, beni olduğum gibi seviyor.

Sevgilim, beni koşulsuz seviyor

Sevgilim ve ben birbirimize derin saygı ve takdir duyuyoruz.

Sevgilimin sevgisi her geçen gün daha da artıyor.

KARIM/KOCAM, beni her zaman mutlu etmek için çaba gösterir.

KARIM/KOCAM, her yaptığım şeyi destekleyen ve cesaretlendirendir.

KARIM/KOCAM X ile olduğumda, kendimin en gerçek versiyonuyum.

Sevgilim ve ben ruhsal güçlü bir bağı paylaşıyoruz.

Sevgilim ve ben birbirimize güçlü ve derin bir aşkla bağlıyız.

Sevgilim, hayatını benimle geçirmek istiyor.

Sevgilim, benim nasıl hissettiğimle ilgileniyor.

Sevgilimden aldığım ve gelecekte almaya devam edeceğim tüm sevgi için minnettarım.

Sevgilim, gözlerini benden ayıramıyor.

Sevgilim sadece beni düşünüyor.

Sevgilim, ben hayatında olduğum için şanslı hissediyor.

Sevgilim, benim için mükemmel bir eş.

Evren, beni ve sevgilimi bir araya getirmek için çalışıyor.

Sevgilim, beni çok çekici buluyor.

Sevgilim ile aşkı ve kutsal cinsel zevki yaşıyorum.

Sevgilime verdiğim aşkı ne kadar artırıyorsam, o kadar çok çekiyorum.

Sevgilim ve ben en iyi arkadaşız.

KARIM/KOCAM ile tatmin edici bir ilişkiyi hak ediyorum.

KARIM/KOCAM'dan gelen aşkı almak için kendimi güvenle açıyorum.

KARIM/KOCAM ile ilişkimizde eşitiz.

KARIM/KOCAM'dan gelen sevgiye kendimi açıyorum, değerime, güzelliğime dair tüm kaygı ve kuşkularımı bırakıyorum.

Tüm Kuantum Tezahür alanı benim ve KARIM/KOCAM'ın bir araya gelmemizi istiyor.

KARIM/KOCAM'ın her zaman ilk önceliğiyim.

İlişkimiz her geçen gün daha da güçleniyor.

KARIM/KOCAM hayatında beni bulduğu için minnettar.

İşte böyle, HARİKASINIZ...

Bu olumlamaları, yüksek sesle, sevgilim, eşim, kocam, karım unvanlarından seçtiğinizi başına koyarak, her gün yüksek sesle okumanızı öneririm, böylece olumlamaların tezahür gücünden beslenirsiniz. En önemli ipucu olumlamalarınızı günlük alışkanlıklarınızın içine dahil etmektir. *Manifest Günlüğü*'nüze de günlük olarak yazın lütfen.

PARA TEZAHÜRÜ OLUMLAMALARI

Bu olumlamaları deneyin. Yüksek sesle söyleyin ve nasıl hissettiğinize dikkat edin. Acele etmeyin:

- Mali refahım benim kontrolümde.
- İhtiyacım olan tüm paradan daha fazlası kolayca bana geliyor.
- Param, değer verdiğim şeylere gider.
- Kazandığım parayı hak ediyorum.
- Param her zaman artar.
- Zenginliğe layığım ve hak ediyorum.
- Pahalı hediyelere bayılıyorum, pahalı hediyeleri kolayca alıyorum.
- Hayatımda her daim bereket var.
- Hayatım zenginlikle dolu.
- Refahım sınırsızdır.
- Parayla sağlıklı bir ilişkim var.
- Kolayca kazanırım, bilgelikle harcarım.
- Kazandığım ve harcadığım para beni mutlu ediyor.
- Paramla ilgili korkularımı serbest bırakıyorum.
- Bilinçli bir şekilde zenginlik oluşturuyorum.

- Para bana akıyor.
- Parayı severim, para da beni sever.
- Para bana yaşamda açmak istediğim tüm güzelliklerin, iyiliklerin kapısını açar.
- Bereket benim, zenginlik benim, servet bendedir.
- Paramı rahatlıkla kazanıyorum, ihtiyacımdan daha fazlası bana kolaylıkla akıyor.
- Her zaman ihtiyacım olduğundan daha fazla para bana kolayca gelir.
- Parayı kazanmayı seviyorum, kabul ediyorum ve hak ediyorum.
- Zenginliğe kolayca sahibim.
- Zengin olmayı seviyorum, zengin olarak yaşamayı hak ediyorum

Olumlamaları her gün yüksek sesle okumanızı öneririm, böylece olumlamaların tezahür gücünden besleneceksiniz. En önemli ipucu, olumlamalarınızı günlük alışkanlıklarınızın içine dahil etmelisiniz. *Manifest Günlüğü*'nüze de günlük olarak yazınız lütfen.

TEZAHÜR MEDİTASYONLARI

Rehberli meditasyonları sevgi, para veya arzu ettiğiniz her şeyi tezahür ettirmek için kullanabilirsiniz. Bilinçaltınızı yeniden programlamak için, uyurken bile niyetlerinizi tezahür ettirebileceğiniz meditasyonları sizler için QR kodlarla kitaba yerleştirdim. Size bu kitap için özel olarak hazırladığım **Hayatının Aşkı Tezahürü Meditasyonu** çalışmasını da paylaşacağım şimdi. **İdeal aşk tezahürüne hazır mısınız?**

İster ruh eşinizden ister belirli bir kişiden gelecek aşkı tezahür ettirmek için olsun, bu aşk tezahürü rehberi size cevapları verecektir. Aşkı nasıl tezahür ettireceğinizi buradan öğrenin.

Hayatının Aşkı Tezahürü Meditasyonu

Para ve Servet Tezahürü Meditasyonu

Finansal bolluk çoğumuzun en büyük arzusudur, çünkü para bizi yaşamlarımızda istediğimiz her alana ulaşmamıza imkân tanıyan pek çok olanak sunar. Para, elde edilmesi için farklı şeylerin gerekli olduğu bir kavram olarak anlatılsa da, para bir enerjidir. Ve parayı tezahür ettirmenin ne kadar kolay olabileceğine şaşıracaksınız. Para tezahürü meditasyonu ile şu anda beş parasız olsanız bile daha fazla para nasıl tezahür ettirilir öğrenin.

Limitleyici Para İnançları Meditasyonu

Tezahür Nefesi Çalışması

QR kodu okutarak benimle beraber derin ve besleyici Tezahür Nefesleri almaya başlayın.

Güçlü Bir Öz Benlik Meditasyonu

Zihnimi ve beni güçlendirecek şekilde yeniden kodladığımda, gerçekleşmesini hedeflediğim tüm niyetlerimin mıknatısı olurum. QR kodu okutarak, bu derin bilinçaltı güçlendirici çalışmayı benimle yapın, *Manifest Günlüğü*'nüze de günlük olarak yazın lütfen.

Bilinçaltı Derin Temizliği

Farkında olmadan taşıdığım tüm korkularımı, zaaflarımı ve inançlarımı temizleyerek maddi ve manevi refaha kavuşurum. Zihnimi ve beni güçlendirecek şekilde yeniden kodladığımda, gerçekleşmesini hedeflediğim tüm niyetlerimin mıknatısı olurum. QR kodu okutarak, bilinçaltı temizleyici çalışmayı benimle yapın. Sonra *Manifest Günlüğü*'nüze de olarak yazın lütfen.

Yeni Bir Sen Meditasyonu

Kendimi yeniden inşa edebilirim. Ruhumda, bedenimde ve zihnimde yer alan tüm yaraları iyileştirebilir, güçlendirebilirim. Böylece tüm niyetlerimin tezahürünün mıknatısı olurum. QR kodu okutarak, bu çalışmayı benimle yapın, *Manifest Günlüğü*'nüze de günlük olarak yazınız lütfen.

SIK KULLANILAN KLASİK TEZAHÜR TEKNİKLERİ

55×5 Yöntemi

Ümit Hanım örneğinde paylaştığım 55×5 tezahür tekniği belirli bir zamanda, kısa veya şimdiki zamanda bir olumlamayı seçerek, bu olumlamanın beş gün boyunca günde 55 kez bir kâğıda yazılması, böylece bilinçaltına aynı niyetin sürekli olarak tekrarlanması yoluyla niyetin frekansına hizalanarak tezahüre yardımcı olur.

55×5 formülünün ardındaki mantık, öğrenmedeki sandviç metoduna benzer. Zihninizi yoğun bir şekilde hedefinize odaklar, düşüncelerinizi niyetinize sabitler, bunu yoğun bir şekilde yapar, sonra etkiyi hafifletir, sonra yine yoğun bir şekilde aynı niyete çalışırsınız.

Bilinçaltımızı terbiye edebilir, niyetimizi tezahür ettirmemiz için gereken dönüşüme destek verebilir. Her sistem gibi 55×5 formülünü de niyetimizi koyarak, kalıcı bir değişim niyetiyle uyguladığımızda bilinçaltımızı yeniden programlamamıza yardımcı olabilir. Bilinçaltınızın bu şekilde yeniden eğitilmesiyle birlikte, niyetinizle ve hedefinizle uyumlu günlük eylem adımlarını atmanız gerekir. İlham Veren Tezahür Eylemleri için başka bir tezahür tekniği, 5×5 formülü burada devreye girer. 55×5 kuralına çok benzer, ancak yalnızca hedefinizi yazmak yerine hedefinize yönelik eylem adımlarına odaklanır.

Kitabım burada bitiyor, elimden geldiğince, bilgim yettiğince sizin daha bereketli bir hayat yaşamanızı sağlayacak her bilgiyi paylaştım. Hepimizin refahı ve bereketi hak ettiğini biliyorum. Bunu hissedecek ve yaşamınıza geçirecek olan kişi sizsiniz. Kapı, kilit ve anahtar deliği sizde. Bu kitapta yer alan çalışmaları yapın. Kendinize, tezahür ettirebileceğinize inanın. Çünkü siz inandığınızda, dünyanız değişecek. Siz kendinize sevgiyi, bereketi, bakımı, zenginliği verdiğinizde dünyanız da size verecek. İnandığınızda, göreceğiniz tek hakikat, Kuantum Tezahürünüz olacak. Orada sizi bekliyorum.

Sizi Seven Ayşe
Ekim 2023

KİTAPTA YER ALAN BAZI TEMEL KAVRAMLAR VE YASALAR

Titreşim yasası: Yaşadığınız deneyimi etkileyebilecek sürekli bir hareket halindesiniz. Bu, belirli bir yaşam tarzını tezahür ettiriyorsanız, kendinizi o istenen seviyeye ayarlamanız gerektiği anlamına gelir. İyi hisleri teşvik eden farkındalık uygulamalarına katılarak titreşim yasasını uygulayabilirsiniz.

Çekim yasası: Temel olarak odaklandığınız şeyi çekersiniz. Tezahür ettirdiğiniz şeye inanarak çekim yasasını uygularsınız.

Birlik yasası: Her şey birbirine bağlıdır. Evrenin ilk ve en temel yasasıdır. Bu yasa, şefkat uygulandığında ve hepimizin bir olduğu gerçeği kabul edildiğinde aktive olur.

Telafi yasası: Ne ekersen onu biçersin mantrası telafi yasasının mantrasıdır. Bu yasa, tezahür ettirdiğiniz şeye katkıda bulunduğunuzda aktive olur.

Cinsiyet yasası: Her şeyde var olan eril ve dişil enerjiyle ilgilidir. Uygulamak için ikisi arasında denge sağlamanız gerekir.

Sebep ve sonuç yasası: Tüm eylemlerin iyi ya da kötü bir tepkisi vardır. Etkiyi hemen deneyimlemeyebilirsiniz ama mutlaka gerçekleşir.

Görelilik yasası: Gerçekliğiniz algıdan ibarettir. Hayatı daha büyük bir şefkat ve karşılaştırma ile anlamanızı sağlar.

Enerjinin sürekli dönüşümü yasası: Eylemleriniz düşünceleriniz tarafından yönlendirilir ve dalgalanma eğilimindedir. Çevrenizdeki enerjilerden bağımsız olarak pozitif kalarak bu yasayı etkinleştirirsiniz.

Kutupluluk yasası: Her şeyin olumlu ve olumsuz bir yanı vardır. Spektrumun diğer ucunda neler olduğunu ortaya çıkararak bu yasayı etkinleştirebilirsiniz.

Ritim yasası: Bu yasa akışkanlığı teşvik eder. Bu yasayı, içsel ritminizi kabul ederek ve ona karşı savaşmayarak etkinleştirmelisiniz.

Uygunluk yasası: Hayatınız düzensiz görünüyorsa veya siz memnunsanız, bu içsel olarak neler olup bittiğinin bir yansımasıdır.

İlham verici eylem yasası: Ben ilham verici eylem yasasını sizin için biraz derinleştirmek istiyorum, kendi deneyimlerime dayanarak, bu yasa yeterince bilinmediği için tezahür süreçlerinde sorunlar yaşandığını görüyorum. Eylem yasasına benzer şekilde, hayatta ne istiyorsanız onu kendinize çekersiniz. İçsel rehberlik için bir alan yaratarak bu yasayı etkinleştirirsiniz. Bunun için tezahür ustalığı tekniklerini kullanın.

KAYNAKÇA

- https://www.researchgate.net/publication/320267484_Consciousness_in_the_Universe_is_Scale_Invariant_and_Implies_an_Event_Horizon_of_the_Human_Brain
- *Developments in Quantum Physics*, Frank H. Columbus ve Volodymyr Krasnoholovets
- *İmkânsızın Fiziği*, Michio Kaku
- *Psychology and Alchemy*, Carl Gustav Jung
- *Synchronicity: The marriage of matter and psyche*, F. David Peat
- *What Life Means to Einstein*, George Sylvester
- *Zihnin Geleceği*, Michio Kaku

AYŞE TOLGA
MANİFEST
GÜNLÜĞÜ
Kuantum Tezahür Ustalığı
Çalışma Kitabı

Ayşe Tolga
İYİLİK SENDE
Ruhunuzu Isıtacak
İyilik Reçeteleri
10. BASKI

AYŞE
TOLGA
8 haftada
DEĞİŞİM

TİTREŞİMİNİ
YÜKSELT
HAYATIN
DEĞİŞSİN
AYŞE TOLGA

Ayşe Tolga
iyilik
SENDE